新説の日本史

河内春人　亀田俊和　矢部健太郎
高尾善希　町田明広　舟橋正真

はじめに

歴史は、新発見や新説によって日々、塗り替えられていきます。近年、歴史研究者によって提唱された新たな説をいくつか挙げてみましょう。


「蘇我氏と物部氏の対立は仏教が原因ではなかった!」

「道鏡は皇位簒奪を狙う悪僧ではなかった!」

「一騎打ちを挑んだ鎌倉武士がモンゴル軍に苦戦したのはフィクションだ!」

「倭寇(後期)の多くは中国人だった!」

「北条早雲は一介の浪人ではなかった!」

「信長の天下布武の『天下』とは畿内のことだった!」


……実に多彩であることがお分かりいただけるでしょう。

最近でも、「明智光秀は本能寺に行かず、部下が襲撃した」という驚きの事実を語る史料発見のニュースが入ってきました。まだ史実かどうかは断定できませんが、このような新しい発見が、過去の史実を塗り替えていく可能性があるのです。

歴史は過去の出来事ですが、その全貌を知るには、残された史料から歴史を復元していく作業が必要となります。史料が豊富にあればいいのですが、必ずしもそうとは限りません。限られた史料から歴史を復元していく学問が歴史学で、それを行うのが歴史研究者・歴史学者です。

新たな史料が発見されて、歴史が書き換えられることもあれば、もともと知られていた史料から新たな事実が「発見」される場合もあります。研究が深まることによって、史料の「解釈」が変わってくることもあります。専門の研究者は、日々、新たな史料を探し、史料をどう解釈するかを考え続けています。

新たな「発見」があったとき、その成果が「新説」として発表されることがあります。しかし、その「新説」が研究者のあいだで認められ、一般の方々にも浸透し、教科書を書き換えるようになるまでには、かなりの時間がかかりますし、いくつものハードルを越えなければなりません。

「新説」として発表されたものの、さまざまな検討が加えられた結果、やっぱり「通説」が正しかったとわかる場合もあります。「新説」の正しさをめぐって、研究者のあいだで激しい「論争」が繰り広げられる場合もあります。

研究者と同じように史料を読み込んで、蓄積された研究成果を全部チェックすることは、なかなかできません。専門家のあいだで議論されている「新説」にも、そう簡単にはアクセスできません。

近年、若手研究者が執筆した歴史をテーマとする新書で、いくつもの大ヒットが誕生しています。呉座勇一さんの『応仁の乱』（中公新書）が五十万部の大ヒットとなったのは、記憶に新しいところです。

それは、歴史学研究の現場で活躍する気鋭の学者が、最新の学説、最新の情報を惜しげもなく披露し、それが歴史をもっと知りたいという読者のニーズに合致したからではないでしょうか。

本書にご登場いただいた歴史学者は、いずれも「新説」をめぐって格闘し、精力的に取り組むことで、研究成果を挙げています。今まさに最前線で活躍し、注目を集める若手・

中堅の研究者です。

河内春人氏は古代の日中関係に詳しく、『倭の五王』（中公新書）は読書界の話題となりました。南北朝期の専門家である亀田俊和氏の執筆した『観応の擾乱』（中公新書）は難しいテーマにもかかわらず異例のヒット作となっています。矢部健太郎氏は戦国・織豊期の研究をリードし、関ヶ原合戦などの入門書も著しています。高尾善希氏は近世の村や都市の研究に取り組み、忍者の本格的な研究を手掛けています。町田明広氏は幕末維新期研究のトップランナーとして、従来の幕末像を塗り替える研究に挑んでいます。舟橋正真氏は近代天皇制の専門で、皇室外交についての新たな研究を次々と発表しています。

本書では、この六人の研究者に、各時代で重要と思われる「新説」についてご紹介いただきました。本人の自説の場合もあれば、いま注目されている新説ではあるものの、自分自身は、その説に対して批判的な意見を持っているといったものもあります。

こういった異論も含めて、そのすべてが日本の歴史研究をめぐる「リアル」であることを、ぜひ感じ取っていただきたいと思います。

「その説はもう知っている」という方も、ぜひ耳を傾けてください。新説がどう評価されているか、反論はあるのかといった、一歩踏み込んだ事情に触れることもできます。「新説」が成立していく過程がつかめることで、より歴史に興味がわいてくるのではないでしょうか。

巻末には、「本書をより理解できるブックガイド」を掲載しました。本書を読み、さらに深く知りたくなった方は、ぜひ手を伸ばしてみてください。

目次

第3章 戦国 矢部健太郎

第1章 古代 河内春人

倭の五王の「武」とも言われる「ワカタケル」の名が刻まれた鉄剣（稲荷山古墳出土。文化庁蔵）

河内春人（こうち・はるひと）

1970年東京都生まれ。1993年明治大学文学部卒業、2000年明治大学大学院博士後期課程中退。「東アジア交流史のなかの遣唐使」で博士（史学）。日本学術振興会特別研究員（PD）などを経て、2018年4月より関東学院大学経済学部准教授。専攻・日本古代史、東アジア国際交流史。著書に『日本古代君主号の研究』（八木書店）など。

新説 1

倭の五王は五世紀の「天皇」に特定できない

倭の五王とは？

倭《わ》の五王とは、中国の歴史書に記されている、五世紀の日本——当時は倭国——を統治した五人の王のことです。これが、『古事記《こじき》』や『日本書紀《にほんしょき》』といった日本の歴史書に記される古代の天皇の誰にあてはまるのか、誰に相当するのかが、古くから議論されてきました。

中国の南北朝時代、南朝に宋《そう》（四二〇～四七九）という王朝がありました。その宋の歴史を記した正式な歴史書、すなわち正史が『宋書《そうじょ》』です。

この『宋書』は六世紀初頭に成立しましたが、そこに含まれる倭国の歴史を記録した「倭国伝」（正式には夷蛮伝倭国条）というパートには、宋から冊封《さくほう》された五人の倭国王の名前が記されています。冊封とは、中国の皇帝と近隣の王が君臣の関係となることを意味します。中国と周辺諸国が君臣関係を結ぶことで外交が成立するのです。

この五人の倭国王、すなわち讃《さん》・珍《ちん》・済《せい》・興《こう》・武《ぶ》を、倭の五王と呼んでいます。正確に言えば、「倭国王」とされているのは讃・珍・済・興の四人で、武は「倭王」に任命されています。

正史が根拠とした史料は、端的に言えば外交記録です。倭の五王が宋に使いを送って外交関係を結んだのは、四二一年から四七九年の間と考えられています。なお、倭国が中国に遣使したのはもう少しさかのぼり、四一三年からという説もあるのですが、これについては研究者の間でも意見が分かれています。

中国の歴史書は、各王朝ごとに編纂されるのですが、同じ内容を書き直して、のちの歴史書に再度、載せられることがあります。『宋書』倭国伝に載っている「倭の五王」のことも、六二九年に成立した『梁書《りょうしょ》』という歴史書の倭伝にも出てきます。こちらは、宋と同じく南北朝時代の王朝である南朝の梁(五〇二～五五七)の歴史を記した歴史書です。『梁書』倭伝では、記述に違いがみられます。『梁書』では倭の五王を賛《さん》・彌《み》・済・興・武と記しています。比較すると、「讃」が「賛」となり、「珍」が「彌」となっています。記述の内容についても、『宋書』と『梁書』では食い違いが多少見られるのですが、成立年代が倭の五王の時代により近い『宋書』の方が信頼性が高く、『梁書』の記述については、慎重に扱うべきだと考えるのが一般的です。

『古事記』『日本書紀』の問題

冒頭で述べたように、倭の五王について注目されてきたのは、『古事記』『日本書紀』に記されている古代日本の天皇系譜に倭の五王が当てはまるのではないか、当てはまるとしたら誰が誰に相当するのか、という点についてです。一般的には、倭の五王は「記紀」に記された天皇の誰かに「必ずあてはまる」ということを前提として、では誰に当てはめるべきかという議論が重ねられてきたのです。

『古事記』は七一二年、『日本書紀』は七二〇年の成立です。ともに八世紀前半の書物ということになります。つまり『古事記』も『日本書紀』も、倭の五王の時代とされている五世紀から、だいぶ時代が下って成立した書物なのです。それに対して『宋書』は六世紀初頭の成立ですから、倭の五王と地域的には隔たりがありますが、年代的にはそれほど大きな隔たりはなく、それが記紀と比べた時の史料的信頼性の根拠となります。

『古事記』や『日本書紀』では、初代・神武天皇から第十五代・応神天皇までは、ほぼ「父⇒息子」という直系的血統で皇位が継承されたとしています。しかし、父親から息子へという直系継承が強く意識されるようになるのは、七世紀後半から八世紀の初頭にかけて、天武天皇の皇統が直系継承を志向した時代と考えられています。つまり、実際には直系継承はこの時代の産物と考えた方が合理性が高い。言い換えれば、『古事記』『日本書紀』が描く神武〜応神の皇位継承は事実ではなく、天武天皇以降の、記紀が成立した時代に理想とされた皇位継承像を、時代をさかのぼって反映したものだと考えられるのです。

このように古い天皇の系譜については、記紀では意図的に編集して書かれているということに注意する必要があります。したがって、記紀に描かれた倭の五王の時代の系図も、そのまま受け入れるには慎重であるべきです。

五王の血縁関係

倭の五王の話に戻り、それぞれの血縁関係の記述を確認しましょう。二十一ページの系図をご参照ください。

『宋書』の記述による限り、まず讃と珍が兄弟であることは、はっきりと読み取れます。そして済と興、済と武がそれぞれ親子であることも確かです。そうなると興と武はともに済を父とする兄弟であるということになります。これも、明確に書かれている。

天皇家略系図

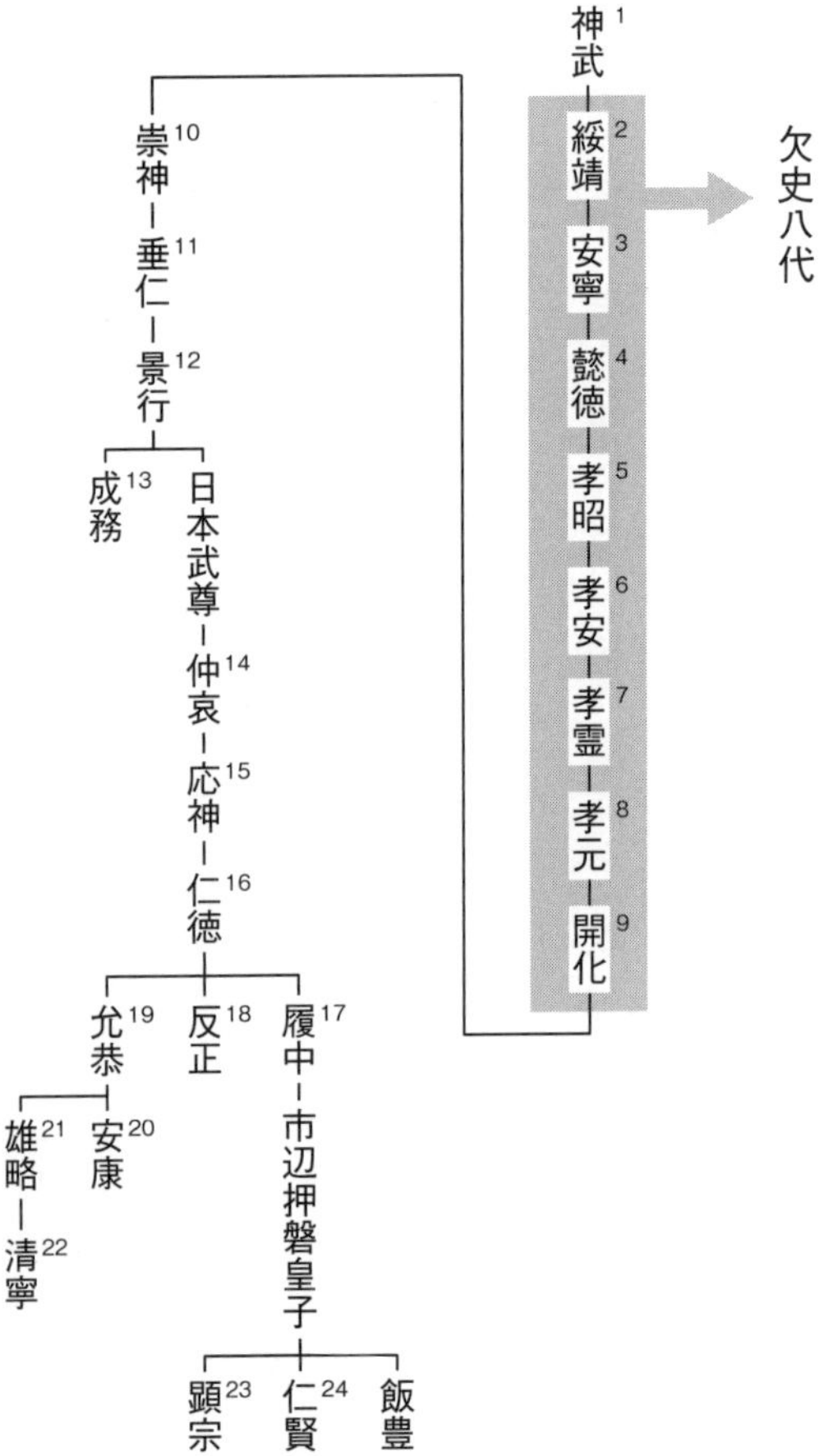

1 神武
2 綏靖
3 安寧
4 懿徳
5 孝昭
6 孝安
7 孝霊
8 孝元
9 開化
欠史八代
10 崇神
11 垂仁
12 景行
13 成務
日本武尊
14 仲哀
15 応神
16 仁徳
17 履中
18 反正
19 允恭
20 安康
21 雄略
22 清寧
市辺押磐皇子
23 顕宗
24 仁賢
飯豊

倭の五王関係図

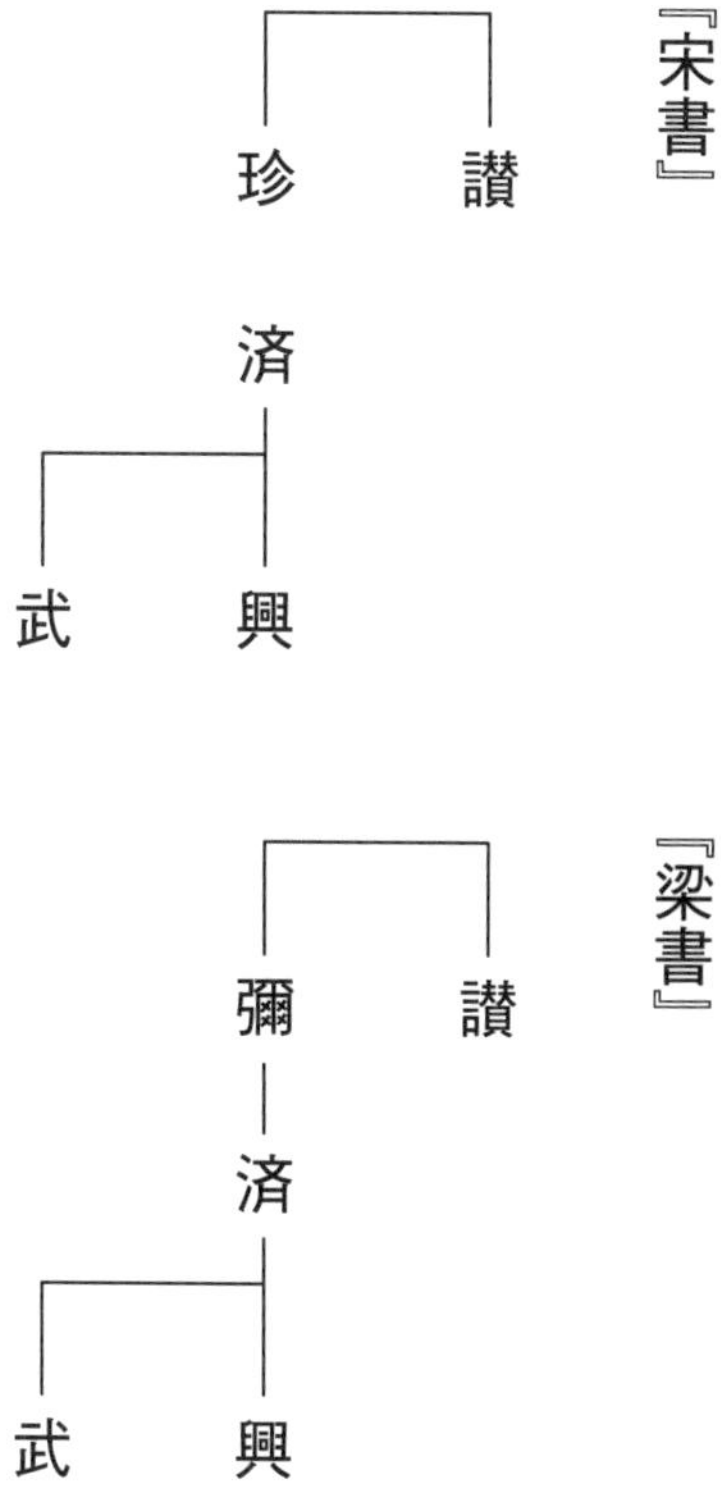

これは、おそらく倭の外交使節が語っていたことを書き留めた外交記録を、原資料としている記述だと思われるので、疑う必要はないと思います。ところが、『宋書』には讃・珍と済・興・武との間の続柄が記されていません。正確に言えば、珍から済への王位継承がなされたときに、両者の続柄を記していないのです。

一方、『梁書』倭伝では済を彌の息子としています。しかし、すでに触れたように、『梁書』は『宋書』を引き写して書かれたもので、時代も離れてしまうため、倭の五王を語る記述としては信憑性が低い。さらに言うと、『梁書』倭伝は編纂者が自分の考えでかなり手直ししていることがあり、さらに信頼性が低くなるため採用することはできないのです。

記紀の皇統譜

倭の五王の活動期間は、すでに触れたように、宋との外交関係を持っていた時期、すなわち四二一年から四七九年に集中しています。この前後の時期に該当する天皇について、『古事記』と『日本書紀』に記された在位記録を拾い出すと次のようになります。

ちなみに『古事記』には王の即位年は書かれておらず、没年しか書かれていないので、おおむねその年の直後が次の天皇の即位年ということになります。

※記＝『古事記』、紀＝『日本書紀』

応神《おうじん》	記三九四年没	紀二七〇～三一〇年
仁徳《にんとく》	記四二七年没	紀三一三～三九九年
履中《りちゅう》	記四三二年没	紀四〇〇～四〇五年
反正《はんぜい》	記四三七年没	紀四〇六～四一〇年
允恭《いんぎょう》	記四五四年没	紀四一二～四五三年
安康《あんこう》	記（記録なし）	紀四五四～四五六年
雄略《ゆうりゃく》	記四八九年没	紀四五七～四七九年
清寧《せいねい》	記（記録なし）	紀四八〇～四八四年

右の表を見ると分かるように、『古事記』と『日本書紀』は、天皇の在位期間が一致せず、特に没年＝在位最終年次はまったく合致しないという問題があります。記紀自体が奈良時代の初期に成立したという事実や、先述の「父⇒息子」継承の問題を考えあわせみても、古い時代の天皇についてはかなり編纂者の意図を含んで書かれているということがわ

かる。やはり、信頼性が低いといわざるを得ないことになります。

倭の五王と記紀の天皇

これまで、五世紀に宋に外交使節を派遣した倭の五王は、記紀の天皇のもとになるヤマト政権の大王が実在し、五王がどの天皇に比定されるのか、当てはまるのかということが、論点となってきたことは先述の通りです。

それを考える方法の一つが、名前の読み（音韻《おんいん》）から考えるという方法です。ちなみに天皇については「応神」「仁徳」といった漢字2文字の呼び方が一般的ですが、これは奈良時代の後半に淡海三船《おうみのみふね》が一括して考え出し、それが採用された漢風諡号《かんぷうしごう》であり、記紀が編纂された当時にはまだ存在しません。それ以前は「ホムダ」「オオサザキ」という和風の呼び方がなされていました。

その前提で、実際の事例にあたってみましょう。

まず「讃」について。訓読みでは「ホム（誉む）」と読みますが、これは記紀で応神のことを「ホムダ」（記では品陀、紀では誉田）と記すのと一致することから、「讃」は応神天皇を指すのだろうと考えられました。

一方で、「讃」の音読みは「サン」なので、「サ」という発音に注目すると、仁徳は「オホサザキ」、履中は「イザホワケ」と「サ（ザ）」の発音を含むことから、「讃」を仁徳もしくは履中に比定する見解が出されました。

「珍」については、「ミヅ」という訓読みに引き付けて、「ミヅハワケ」と呼ばれる反正ではないかと見なされてきました。

「済」の音読みは「セイ」になりますが、これに当てはまる天皇の名前がありません。そこで、「済」という文字の字義が「（海や川を）わたる」であることから、港を意味する「津」の字が用いられている允恭に比定する考え方があります。允恭は記では「男浅津間若子宿禰」、紀では「雄朝津間稚子宿禰」と表記されています。

しかし、これは強引なこじつけ以外の何物でもなく、逆にいうと、それほど無理やりな比定をしなければならないほど、一致していないということの表れなのです。

「興」については、「コウ」あるいは「コ」が「ホ」という発音とも似ていることから、「アナホ」と呼ばれる安康ではないかと言われてきました。

「武」は、「タケ」あるいは「タケル」と読むことから、「ワカタケル」、すなわち雄略であることが確実視されてきました。さらに「武」の字義が軍事を意味していることから、他の皇族や吉備《きび》との抗争について記されている雄略と重なってくるという見解もあります。

系譜との一致、不一致

名前の読み（音韻）に加え、大王家（天皇家）の系譜との比較にも目を向けてみるという比定の方法もあります。

たとえば讃と珍は兄弟です。もしそれが正しいとするならば、記紀の系譜に当てはめようとすれば、履中・反正・允恭という三人の兄弟にあてはまる。なかでも讃と珍は履中と反正であろうという推測が成り立つわけです。

そして、済と興・武の親子については、ちょうど允恭と安康・雄略の親子関係と重なってきます。しかし、讃と珍が履中・反正で、済・興・武が允恭・安康・雄略だとすると、珍＝反正と済＝允恭との関係に整合性がつかなくなります。いずれにせよ、倭の五王と古代天皇の系譜が矛盾なく完全に一致するということはないわけです。

そもそも、信憑性の低い記紀の系譜と、伝聞記録をもとにした『宋書』倭国伝の系譜記録とをあてはめて古代天皇の系譜を復元しようという方法が、史実の復元に対してどれほど有効なのかという問題は、どうしても残ることになるのです。

比定の問題点

倭の五王の名前は、すべて『宋書』倭国伝に記されているものです。では、五王の一文字の名前は、いったい誰が決めたものかという問題もあります。倭国が初めから一文字の名前を伝えたのか、それとも宋の役人が、倭国の使者から聞き取ったものを一文字で記録したのか、ということです。

この問題を明らかにする手がかりとして、武が送った外交文書である上表文に、「亡考(亡父)の済」という記述があります。これは、一文字の済という名が、倭王権側が名乗り、宋に伝えたということを意味しています。讃や珍にしても、同様に倭国側が名乗った(記した)名を宋の担当者が書き取ったものだと推測できます。

ところが、当時の倭人の名前が一文字・一音で表記できるものだったのかというと、それは疑問です。稲荷山鉄剣や江田船山古墳の大刀の銘に記された倭王「獲加多支鹵(ワカタケル)」といった五文字の名前を見ても、さらに『魏志』倭人伝に見える難升米《なんしょうまい》などの名を見ても、一文字・一音で名前を名乗るのは、当たり前のことではなかったと思われます。

ということは、倭の五王の名は意図的に一文字であらわそうとしていると考えるほかありません。

朝鮮半島の王名はどう書かれているか

なぜ本来の名前をわざわざ一文字に変えたのか。そこで注目されるのが、朝鮮半島諸国と中国との外交関係です。

別表を掲げますが、これは朝鮮の歴史書である『三国史記』（一一四五年成立）や、同時代の中国の歴史に出てくる高句麗《こうくり》と百済《くだら》の王の名を抽出したものです。当時、中国と外交関係をもっていたのは、この二国です。『三国史記』自体はかなり後の時代に成立したものですが、その元となった『原三国史記』とでもいうべき記録は存在したと考えられ、中国の史料と比較しても、まったくのでっち上げではないと推測できます。

これを見ると、明確ではないところや例外もありますが、百済も高句麗も、王の実名の一字をとって中国の正史に記録されている例が多いことが分かります。例えば高句麗の文《ぶん》咨明王《しめいおう》は、その実名「羅雲」の一字をとって中国の正史には「雲」と記されています。おそらく高句麗や百済は、中国と外交関係を結ぶとき、王の名を異民族風に見えないように名前の一文字を取って中国風の名乗りにして記していたのだろうと推測されます。

『三国史記』と中国正史における高句麗王の名

王名	在位期間	実名	続柄1	別名	正史名	続柄2
広開土王	392～413	談徳	子			
長寿王	413～491	巨連	元子		璉	孫
文咨明王	491～518	羅雲	孫		雲	世子
安蔵王	519～531	興安	長男		安	子
安原王	531～545	宝延	弟		延	子
陽原王	545～559	平成	長男		成	世子
平原王	559～590	陽成	長男		湯・陽	
嬰陽王	590～618	大元	長男	元	元	
栄留王	618～642	建武	異母弟	建成	建武	
宝蔵王	642～668	宝蔵	甥	蔵	蔵	

※在位期間は『三国史記』による。 ※続柄は前王との関係、1は『三国史記』、2は正史による。

『三国史記』と中国正史における百済王の名

王名	在位期間	実名	続柄1	別名	正史名	続柄2	備考
辰斯王	385～392		弟				
阿莘王	392～405		甥	阿芳			
腆支王	405～420		元子	直支	映		
久尓辛王	420～427		長男				
毗有王	427～455		長男				
蓋鹵王	455～475	慶司	長男	近蓋婁	慶		
文周王	475～478		子	汶洲			在位期間は本紀による
三斤王	477～479		長男	壬乞			
					牟都		『南斉書』による
東城王	479～501	牟大	従兄弟	摩牟	牟大	孫	
武寧王	501～523	斯摩	次男	隆	隆		
聖王	523～554	明穠	子		明		
威徳王	554～598	昌	元子		昌		
恵王	598～599	季	弟				
法王	599～600	宣	長男	孝順	宣		
武王	600～641	璋	子		璋		
義慈王	641～660	義慈	元子		義慈		
豊璋		豊璋			豊		

※在位期間は『三国史記』による。 ※続柄は前王との関係、1は『三国史記』、2は正史による。

となると、倭の五王もまた、高句麗や百済の影響を受けて対中国外交において「一字名」を用いたのだろうと理解できるのです。

結論に論証をあてはめてしまう

このように、倭の五王の名前が、本来の名前の一音一字で表記し、そのなかの一文字をとって中国風に仕立てて対中国外交の場で名乗っていた可能性が高いのです。

しかし、その一文字の名乗りがどの王（天皇）に当てはまるかについては、ルールが一貫していません。これまでの人物比定をめぐる議論では、訓読み、音読み、字義、系譜による推測が混在していました。言ってみれば「なんでもあり」の状態であり、結論ありきの議論でした。これでは、どのような「こじつけ」も可能であり、学術的な論証とは言えないのです。

とくに、漢字の訓読みというのは、漢字の意味を理解したうえで同じ意味の和語をあてた、その和語の読みです。それが五世紀の倭国で成立していたとは、現在の研究水準では考えにくいところです。漢字の訓読みが確認できる最古の例は、出雲の岡田山一号墳から出土した大刀の銘です。これは「各（額）田部」と書いて「ヌカ・タ・べ」と読ませるもので、「ヌカ」も「タ」も明らかに中国の音にはない訓読みです。この金石文は六世紀後半のものと考えられています。倭の五王の時代と、百年以上の開きがあるのです。

「武」が雄略（ワカタケル）であることは、「武」を「タケ」と訓読みすることから確実だと言われてきましたが、五世紀後半に「武」を「タケ」と訓読みしたという証拠は、いっさい見つかっていません。稲荷山鉄剣の「獲加多支鹵」が「くわく・か・た・き・る」（支を「き」と読むのは『日本書記』にも確認できる古い発音）という音読みを一文字ずつあてたのとは大きく異なります。

つまり、倭の五王の「武」は雄略に違いないという結論がまずあり、その結論をもっともらしく見せるために、論証をあてはめていったのが実情だったということになります。これまでの倭の五王の人物比定は、そのようなものでした。

記紀の限界と倭の五王の史実

倭の五王をめぐるこれまでの議論は、記紀に記された天皇（大王）の系譜（皇統譜）が大王の名前や系譜関係を正確に記録している、ということを前提として組み立てられてきました。しかし、王の没年や在位年を見れば明らかなように、『古事記』と『日本書紀』

の間でさえ、合致していない部分があります。

第二代の綏靖から第九代の開化まで八人の天皇の時代は、欠史八代と呼ばれるように虚構性をはらんだ後世の創作と考えられています。それだけではなく、その後の系譜についても、「記紀」の皇統譜を無批判に受け入れることは相当に問題があることが明らかです。記紀の皇統譜は、それが成立した奈良時代の歴史認識を強く反映しているのであり、それを乗り越えることによって、初めて五世紀の倭王権、倭の五王の時代の史実に迫ることが可能となります。

倭の五王の実在を疑う必要はありません。しかし、それを記紀に登場する五世紀の天皇（大王）にあてはめようという作業は、現在のところ学術的にあまり意味のあることとは思えません。

新説2 「薬子の変」は「平城太上天皇の変」だった

「薬子の変」の従来の叙述

平安時代の初期に起きた政変として知られる「薬子《くすこ》の変」は、藤原薬子という女性が起こした事件として、古くから教科書にも載せられている著名な出来事です。しかし、現在ではこの事件の真相について旧来の認識は改められ、それはすでに学校教科書にも反映されています。

まず、新旧の教科書で記述がどう違っているのかを確認してみましょう。

【一九八〇年代の教科書】

嵯峨天皇の即位後、平城上皇は寵愛《ちょうあい》する藤原薬子の言にうごかされて天皇と対立したので、天皇は兵をだして薬子を自殺させた（薬子の変）。この時、天皇の命令を太政官をつうじてくだすと手続きが複雑で秘密ももれやすいので、天皇は藤原冬嗣《ふゆつぐ》らを蔵人頭として機密事項を扱わせた。その組織が発展して蔵人所《くろうどどころ》という重要な役所となった。

【近年の教科書】

桓武天皇の改革は平城天皇《へいぜい》・嵯峨天皇《さが》にも引き継がれた。嵯峨天皇は、即位ののち810（弘仁《こうにん》元）年に、平城京《へいじょうきょう》に再遷都《せんと》しようとする兄の平城太上天皇《だいじょう》と対立し、「二《に》所《しょ》朝廷」と呼ばれる政治的混乱が生じた。結局、嵯峨天皇側が迅速《じんそく》に兵を展開して勝利し、太上天皇はみずから出家《しゅっけ》し、その寵愛《ちょうあい》を受けた藤原薬子は自殺、薬子の兄藤原仲成《なかなり》は射殺された（平城太上天皇の変、薬子の変ともいう）。

前者では藤原薬子という人物が事件の首謀者として出てくるのですが、現在の教科書では、事件の最後に自殺するという結果に触れているだけで、嵯峨天皇と平城太上天皇との対立にどれくらい関与していたのかという問題については、触れていません。

◆事件の前提

まず、なぜこのような事件が起きたのか、経緯をたどってみたいと思います。

大同《だいどう》四年（八〇九）、平城天皇が病気を理由に譲位し、皇太弟（皇太子に相当する天皇の弟の地位）の神野《かみの》親王が即位します（嵯峨天皇）。平城→嵯峨という継承は、二人の父である桓武《かんむ》の意向でした。桓武は自身について父から子への直系継承にはこだわりましたが、二人の息子の間の継承には無頓着でした。このとき、平城の子の高岳《たかおか》親王が新たに皇太子となることで、折り合いをつけました。すでに桓武天皇の七九四年に平安京に遷都していましたが、退位した平城太上天皇は、かつての都である平城京に移り住みます。平城京はすでに都ではありませんが、平城が移り住んだ太上天皇宮は、記録で見る限りかなりの規模で、邸宅というよりは天皇に匹敵する宮都であったと考えられます。

ちなみに平城天皇の病気については、はっきりしたことはわかっていませんが、幼いころから癇癪《かんしゃく》持ちで、かっとなるとみさかいがなくなる、人格的に不安定だったと思わせる記録があり、精神的な疾患だった可能性もいわれています。天皇に即位した当初は政治改革にも熱心に取り組みましたが、在位四年で譲位しました。

その翌年（大同五年）の正月、まだ即位して間もない嵯峨天皇が体調不良となります。歴史書に「不予」＝体調不良と書くということは、実はかなり重病だったことを示しています。元日の朝賀の儀式も中止になりました。一方、譲位した平城はこのころには体調も回復していたようです。

そして同年三月、嵯峨は蔵人所《くろうどどころ》という役所を設置し、巨勢野足《こせののたり》と藤原北家の冬嗣《ふゆつぐ》をその長官である蔵人頭《くろうどのとう》に任命しています。蔵人所については、冒頭で紹介した教科書の記述にあるように、天皇の命令についての機密保持が目的なので、すでにこの段階で嵯峨と平城の対立は始まっていたのだとも推測できます。

七月になると、嵯峨が再び体調不良となります。この時、川原寺・長岡寺・高畠陵において、嵯峨の健康回復を祈る読経が行われています。川原寺は伊予親王、長岡寺は早良《さわら》親王と関わる寺院です。桓武天皇の時代、皇太弟の早良親王が謀反の疑いで廃され、憤死するという早良親王事件がありました。平城が天皇の時には、やはり謀反の嫌疑で弟の伊予《いよ》親王が失脚し、母とともに自害する伊予親王の変が起こります。この時代は非業の死をとげた人々の怨霊を恐れるという風潮が蔓延していました。嵯峨の回復祈願の読経は、そうした時代の空気が背景にありました。

「変」の推移

事態が動きだすのは、大同五年の九月六日。平城太上天皇が、自らが移り住んだ平城京への遷都を宣言します。そして九月十日、嵯峨が反撃に出ます。逢坂関《おうさかのせき》、不破関《ふわのせき》、鈴鹿《すずかの》関《せき》という畿内東方の三ヵ所の関所を閉ざす、固関《こげん》と呼ばれる措置を行ったのです。

この三つの関所は、東国から畿内に入ってこようとする軍勢を防ぐためのものではなく、朝廷に反乱を起こした人々が東国に逃げるのを防ぐために設けられた関所でした。七世紀から、大王家に内部対立があったとき、負けた方が東国に逃れて態勢を立て直し攻め上ってくるのを防ぐという意識があったのです。

有名なのは厩戸《うまやと》王子の息子である山背大兄王《やましろのおおえのおう》が蘇我入鹿《そがのいるか》の攻撃を受けた時、側近の三《み》輪文屋君《わのふみやのきみ》が「いったん東国に逃げて体制を立て直せば、入鹿に対抗できる」と進言した話が『日本書紀』に出てきます。もともと、西国はさまざまな有力豪族の勢力が入り乱れていましたが、東国は大王家の力が及びやすく、大王家の基盤だという意識があったのです。奈良時代以降、天皇や太上天皇が亡くなったときには、政権が不安定になるのを事前に防ぐという意識から、この関所を閉ざす固関が儀式として行われていました。

固関をおこなった嵯峨側は、さらに平城の側近である藤原仲成を逮捕し、その妹の薬子を追放すると宣言します。翌十一日に平城は薬子とともに東国へと向かおうとします。嵯峨天皇の見越した通りだったのです。平城の動きは当時の行動パターンにのっとったもので、それに対応して関所を閉ざした嵯峨の行動も、同じく当時の行動パターンだったといえるでしょう。

◆事件はどのように収束したか

同じく九月十一日、平城のもとにいた上毛野穎人《かみつけののあきひと》が事態を嵯峨に報告し、嵯峨は坂上《さかのうえの》田村麻呂《たむらまろ》を美濃に派遣します。そして、藤原仲成を射殺。これは、当時の法に従った措置ではなく、超法規的措置でした。それだけ、緊迫した状況にあったのです。藤原仲成という人物については、歴史書などにずいぶんと酷い人間だったような記述がみられますが、負けた側の人間は悪く書かれるのが常ですので、その信憑性については疑問が残ります。

九月十二日、嵯峨側の兵によってゆく手を遮断された平城は、薬子とともに平城京に戻ることになります。平城は嵯峨天皇に他意はないと申し開きをして出家します。薬子はこの段階で毒を飲んで自殺しました。

嵯峨と平城が対立した状況は「二所朝廷《にしょちょうてい》」と称されました。この事件では太上天皇である平城のもとにも多くの貴族や官僚がいました。九月十三日に、嵯峨は平城の側にいた貴族たちの罪を不問に付すことを決定します。彼らを全員処罰するとなると、朝廷自体が相当なダメージを受けるという判断があったのです。

ただし、皇位継承については対処が必要でした。平城の息子で、嵯峨の皇太子となっていた高岳親王は廃太子（皇太子の罷免《ひめん》）となり、平城と嵯峨の異母弟である大伴親王が皇太弟となりました。

これにより事件は決着し、嵯峨天皇のもとで朝廷は一つにまとまる形となりました。

首謀者は誰か

かつて「薬子の変」と呼ばれていたこの事件は、現在では「平城太上天皇の変」と呼ばれるようになっています。これは事件の首謀者が誰であったか、言い換えれば事件の本質はどこにあったかをめぐり、認識の変化があったことを意味しています。

古くから唱えられてきた「薬子首謀説」では、薬子が平城の勅命伝達を掌握し、平城に伝わる情報はすべて薬子を経由して伝えられたため、薬子が自分にいいように情報を扱った。そのため、太上天皇と天皇の対立という事態が起きたという認識でした。もちろん、事実としてそういった状況はあったのだと思います。

もう一つ、藤原仲成・薬子兄妹の父である藤原種継《たねつぐ》は、桓武天皇の信頼が厚い側近で、平城京から長岡京への遷都に大きな役割を果たした人物です。この一族は藤原式家《しきけ》と呼ばれますが、この式家にとっては長岡京こそが重要でした。そこから都を移した平安京は種継が遷都を推進した都ではないということで、否定的にとらえていたようです。

一方、「平城首謀説」は、事件の本質的な責任者が薬子ではなく平城だったとする考えです。退位した平城が移り住んだのは平城京であって、藤原式家が重視した長岡京ではないことからも、式家＝薬子の意向で嵯峨と対立したわけではないということが見て取れます。

また事件の発端は、病気で譲位した平城が、自らの体調が回復すると同時に嵯峨が体調不良となった状況を見て、突如として権力回復を図ろうとしたところにあり、薬子の存在の比重はそれほど高くないともいえます。

◆藤原薬子の人物像

薬子という人物は、すでにふれたように桓武の寵臣であった藤原種継の娘で、藤原仲成の妹です。種継は、長岡京建設中に殺害され、その嫌疑がかけられた早良親王が廃された憤死したのが早良親王事件です。早良親王に代わって皇太子となったのが安殿《あて》親王、のち

藤原式家略系図

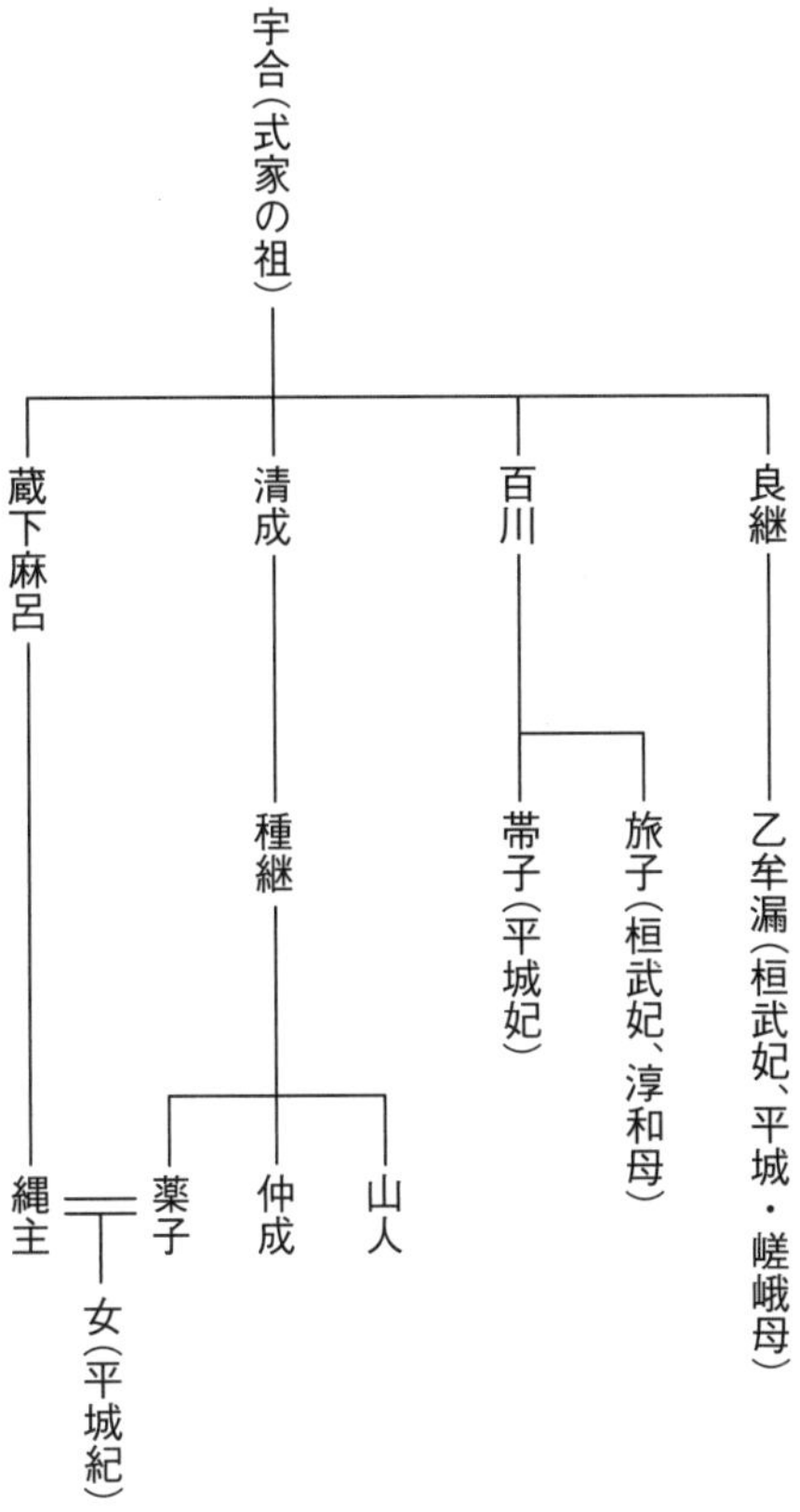
宇合（式家の祖）
良継
百川
清成
蔵下麻呂
乙牟漏（桓武妃、平城・嵯峨母）
旅子（桓武妃、淳和母）
帯子（平城妃）
種継
山人
仲成
薬子
縄主
女（平城紀）

の平城天皇でした。

仲成と薬子は、種継の遺児として出世を果たします。薬子は藤原縄主《ただぬし》という人物の妻となり、三男二女を儲けます。その娘のひとりが皇太子時代の安殿親王の妃になります。ところが、親王はその母親の薬子が気にいってしまい、薬子は平城の「臥内《がない》に出入」する、つまり寝所に頻繁に出入りするようになります。これは明らかにインモラルな関係をうかがわせるもので、桓武は二人の関係を「私通」として問題視し、いったん薬子を平城のもとから追放しています。薬子が平城と非常に親密な関係にあり、その関係が周囲から問題視されていたことは事実なのです。こうしたことが、かつての「薬子首謀説」を招く原因になったのでしょう。

しかし、安殿親王が平城天皇として即位すると、ただちに呼び戻され、内侍尚侍（内侍司《ないしのつかさ》長官）という役職に就きました。これは天皇に情報を伝える「奏請《そうせい》」と、天皇の命を周りに伝える「伝宣《でんせん》」という職務を持っていました。つまり、天皇を取りまく情報は、内侍司長官である薬子の手を経なければ、伝達されなかったのです。薬子が平城周辺の情報伝達及び意思決定のキーパーソンであったことは間違いありません。

また、嵯峨は事件の際に薬子を名指しで非難しており、そうしたことも「薬子首謀説」

に影響しています。ただし、太上天皇という立場の平城を糾弾することはできず、その側近にしわ寄せがいく状況だった点は考慮しなければなりません。

衝突の原因は

嵯峨と平城との衝突は、薬子による情報操作が原因だったのでしょうか。しかし、もっと根本的なところに、原因はあったと思われます。

それは、奈良時代から続く権力のありかた、律令国家の王権の在り方です。その特徴は、天皇権力が天皇と太上天皇と二つに分裂していたことです。

現代的な感覚からすると、天皇が権力を持つのに対して、すでに退位した太上天皇は権力を放棄しているというイメージがあるかもしれません。しかし、奈良時代に関しては、天皇と太上天皇は同じ力、同じ命令権を持っていました。律令などを読むと、天皇と太上天皇は区別されていないのです。

これは律令国家の成り立ちに由来します。律令国家で古代天皇制が成立したとき、天皇だけだと力不足だという局面があった。そこで前天皇である太上天皇が後ろから天皇を支えるという構造ができたのです。

言い換えれば、権力者を二人つくることで天皇という制度を支え、天皇権力が何らかの理由で不安定になる時期も、それを維持しようとしたのです。

◆太上天皇と天皇の関係の本質とは

奈良時代における、太上天皇と天皇との関係について、次のようにまとめられます。

持統《じとう》太上天皇――文武《もんむ》《祖母と孫》
元明《げんめい》太上天皇――元正《げんしょう》《母と娘》
元正太上天皇――聖武《しょうむ》《伯母と甥》
聖武太上天皇――孝謙《こうけん》《父と娘》
孝謙太上天皇――淳仁《じゅんにん》《傍系》

太上天皇と、皇位を譲られた新天皇との関係をみると、太上天皇が新天皇の不安定性を補完する役割を持っていたことが分かります。
七世紀までの王権において、大王の即位はおおよそ四十歳以上であり、それが適齢期と考えられていたようです。ところが、文武は異例の十五歳で即位しました。持統はまだ幼い孫の文武が成長するまで支えるために太上天皇となりました。元明は娘に皇位を譲って王権を二人で分掌しようとした。元正はやはり幼少であった聖武を補佐するために太上天皇になっています。元明と元正は、聖武天皇が即位するまでの中継ぎだったと言われています。もちろん、そういう側面はありますが、天皇として即位すればそれはまごうことなき権力の主体であり、お飾りなどでは決してありません。太上天皇になった後も実権を持っていたことが、史料にはっきりと記されています。

孝謙の場合、藤原仲麻呂《なかまろ》という権力者との関係から、直系ではないが仲麻呂との関係が深い淳仁に譲位して太上天皇となりました。しかし、のちに孝謙と淳仁の関係は悪化し、仲麻呂が反乱を起こして致死すると、淳仁も皇位を追われました。

こうしたことから、太上天皇と天皇が「親と子」「祖父母と孫」といった直系血統であれば良好な関係となりますが、そうでなければ対立しやすいという傾向が指摘されています。平城と嵯峨の対立、そして二所朝廷と呼ばれる王権の分裂状態を招いた根本的な原因はそこにあったと考えられるのです。

◆平城太上天皇の変のもたらした影響

薬子が情報伝達のキーパーソンとして、平城・嵯峨の対立に関与したことは事実です。しかし、ここまで見てきたように、この対立抗争の本質的な原因は、太上天皇という存在が天皇と並立することで、王権が二つ存在してしまうという矛盾にあったといえます。両者の思惑や意見の相違は、どうしても貴族間の対立や派閥的な争いを招きやすい。それが薬子という人物によって暴発した事件といえるかもしれません。

もう一つ、この変の影響についても触れておきたいと思います。

この事件であぶりだされたのは、権力を行使する際の命令伝達経路の問題です。八世紀以前、桓武朝までは命令伝達経路を担うのは女官《にょかん》の担当であり、男は排除された形となっていました。それが九世紀以降、嵯峨が蔵人所を設置したことで、逆に天皇周辺の命令伝達経路は蔵人になった男性貴族が担当することになり、女官が排除されるようになります。

その結果、天皇周辺に高級貴族が集まるという状況が生まれます。これによって、天皇周辺で政治が議論され、決定してゆくというスタイルが成立します。これこそが摂関政治を生み出した元なのです。

摂関政治というと、古くは摂政・関白だけが勝手に政治を行っていたようなイメージで語られていましたが、実際には天皇の傍で公卿が政策を討議し、天皇がそれを最終決定するのが、その本質でした。つまり天皇の傍にいることが、公卿＝殿上人のステータスとなることで、のちの摂関政治が生まれたというわけです。

「薬子の変」あらため「平城太上天皇の変」は、その意味で太上天皇と天皇の「二所朝廷」の矛盾を明らかにし、のちの摂関政治に道を開く画期となったといえるのです。

新説3 「国風文化」は存在したのか

国風文化とはなにか

国風文化と聞いて何を思い浮かべるでしょうか。教科書などの記述では、中国の影響が強かった平安時代前期（九世紀）の文化を「唐風」と呼び、これに対して十世紀から十一世紀にかけての摂関政治の時代を中心に盛んになった日本独自の文化を「国風文化」と呼ぶという説明が一般的だと思います。古くは寛平《かんぴょう》六年（八九四）の遣唐使廃止により、中国文化の直接的影響を抜け出し、日本独自の文化が発展したとも説明されてきました。具体的には次にあげるような作品が、国風文化の表れとして紹介されています。

【文字】かな文字
【詩歌】『古今和歌集』『和漢朗詠集《ろうえい》』
【文学】『竹取物語』『源氏物語』
【日記・随筆】『土佐日記』『枕草子』『更級《さらしな》日記』
【事典】『和名類聚抄《わみょうるいじゅしょう》』
【宗教】浄土教（『往生要集』『日本往生極楽記』）
【建築】寝殿造
【調度】蒔絵《まきえ》、螺鈿《らでん》

こうした作品群は、総じて「優雅で洗練された文化」として語られ、平安時代はこうした文化に囲まれていた、という印象が広く浸透しているのではないでしょうか。

一つ注意しなければならないのは、ここでいう国風文化とは、あくまでも十〜十一世紀の貴族文化だということです。当時の日本列島には、貴族だけが生きていたわけではありません。本来であれば庶民の文化にも目を向けて、総体としてこの時代の文化を語らなければならないのですが、実際には庶民生活については残存資料が限られていますので、あくまでこの時代の一つの文化的な特徴として、国風文化が語られていることには注意しなければならないと思います。

国風文化は文化の主流？

では、国風文化がこの時代の上流階層の文化だったとしても、すべてが主流だったと考えてよいのかという点についても問題があります。すなわち、先に挙げたような成果を生み出した文化があくまでも主流であり、それ以外は微々たる文化しか存在しなかったのか。

まず注目したいのは、文字についてです。先述のように、国風文化の一例としてかな文字が挙げられますが、かな文字が登場したことと、かな文字が主流だったということは、まったく別のことです。当時の貴族はみな男で、男の貴族たちが用いる公用文字は、依然として漢字でした。そのため。この時代には漢字を「男手《おとこで》」と呼び、それに対してかな文字を「女手《おんなで》」と呼んでいたのです。

つまり、貴族たちの仕事である政治の現場や日常生活のなかでは、あくまでも漢字が主流であり続けていたのです。

国風文化を代表する日記として『土佐日記』を挙げましたが、その冒頭には「男もすなる日記といふものを女もしてみむとてするなり」と書かれています。男が書く日記というものを、女の自分も書いてみようと思った、と語っているわけです。『土佐日記』の作者は紀貫之《きのつらゆき》ですが、彼は女性のふりをしてこの日記を書いています。そういう趣向の作品なのです。

では、男の日記とはどのようなものか。たとえば藤原道長《みちなが》が書いた『御堂関白記《みどうかんぱくき》』、藤原実資《さねすけ》の『小右記《しょうゆうき》』、藤原行成《ゆきなり》の『権記《ごんき》』などが代表例でしょう。いずれも漢文体の日記です。これは中国由来の漢文を、日本風に少し崩した漢文で、かな文字はまったく使っていないわけではないが、基本的には使わないスタイルなのです。ちなみに『御堂関白記』は自筆本が現存していて、非常に貴重な日記です。『小右記』は、藤原道長が「この世をば我が世とぞ思ふ望月の欠けたることもなしと思へば」という、いわゆる望月の歌を詠んだエピソードを収録している日記です。

平安貴族に人気があった漢詩集

詩歌については、どうでしょうか。ちなみに「詩歌」という場合の「詩」とは漢詩のことで、「歌」というのは和歌を指します。漢詩と和歌をあわせて「詩歌」と呼んできたのです。

平安時代の詩歌というと、『古今和歌集』などの和歌がこの時代の特徴として強調されやすいのですが、では漢詩は廃れてしまったのかというと、そんなことはありません。奈良時代に比べれば、漢詩を詠む人自体は減少したかもしれませんが、中国・唐代の詩人、白居易《はくきょい》の漢詩集などは、非常に人気がありました。

たとえば、国風文化の時代より少し前の承和《じょうわ》年間（八三八〜八四四頃）に、大宰府《だざいふ》の上級官僚である少弐《しょうに》の藤原岳守《おかもり》という人物が、海商（貿易商人）から「元白詩筆《げんぱくしひつ》」を入手したという記録があります。わざわざ記録したということは、この「元白詩筆」が重要だと考えられていたからです。ここでいう「元白」とは、当時非常に人気が高かった元稹《げんしん》と白居易の二人を指しています。「元白詩筆」とは、元稹の漢詩集『元氏文集《げんしもんじゅう》』や、白居易の『白氏文集《はくし》』などを意味します。これらは九〜十世紀の貴族たちに、とても珍重されたのです。

また、八四五年に中国の唐に渡った恵蕚《えがく》という僧侶が、中国の南の蘇州《そしゅう》で書き写した『白氏文集』を日本に持ち帰ったという記録があります。貴族だけでなく、僧侶にも漢詩集の需要があったことがわかります。

一〇〇六年には、海商の曾令文《それいぶん》が藤原道長に『文集』を献上したとの記録があります。これは『白氏文集』のことで、『白氏文集』を道長に贈り物すると、商人に便宜を図ってくれるという意識があったことがうかがえます。同時に、道長にとっても『白氏文集』はそれだけ価値のあるものでした。

◆中国の文学・学術のニーズ

一〇一〇年、朝廷は歴史書の編纂をしようと準備します。当時はすでに『日本書紀』にはじまる正史・六国史の編纂は途絶していました。しかし、それは歴史書を作ろうという意識がなくなったのではありません。編纂しようという試みはあったのです。ただし、この時も結局は途中で断念しています。

この歴史書編纂準備にともない、道長が集めた参考となる書籍二千巻を収納した厨子《ずし》が設置されました。その内容をみると、中国の歴史書や漢詩文集の『文選《もんぜん》』、そして『白氏文集』などの書名が確認できます。つまり、漢籍の需要がなくなったなどということはなく、やはり漢籍や漢詩文などは平安期貴族の間で非常に求められていました。

ちなみに国風文化の代表的な日記である『枕草子』には、「文は文集、文選、はかせの申文《もうしぶみ》」に学ばなければならないといった表現が見えます。「はかせの申文」とは、文章博士の文章という意味で、これも漢文で書かれたものです。つまり、『枕草子』の作者である清少納言《せいしょうなごん》は、文章を学ぶためには中国の古典を重視しなければならないと言っているのです。

この時代も、中国の古典文学や学術は平安貴族にとって前提となっているものであって、決して無視されることはなかった。そして、国風文化において強調される「かな文字」や「かな文学」は、この時代に登場した当時の貴族文化のなかの「一部分」であり、それがすべてではなかったのです。

なお、平安貴族が希求した中国文化とは漢やそれ以前が多く、文学の一部は唐がその視野に入っていましたが、同時代の宋は関心の埒外だったということも、念頭に置く必要があるでしょう。

唐物と貴族文化

文学や学術といった抽象的なものではなく、具体的なモノとして、中国からもたらされた唐物《からもの》について考えてみましょう。

唐物とは、中国からもたらされた貴重品のことで、日用品ではなく、当時の貴族たちが競って欲しがった垂涎《すいぜん》の品です。そして貴族だけでなく、貿易地となった北部九州の、地位は低いけれど財を蓄えた富裕層も唐物を求めるようになりました。

では唐物とは、具体的にどのようなものだったのか。『新猿楽記《しんさるがくき》』（十一世紀前半頃成立か）に記録された、まさに藤原道長の時代の国際交易品です。

【香薬】沈《じん》・麝香《じゃこう》など
【貴重な木材】赤木・紫檀《したん》
【染料】蘇芳《すおう》
【陶土】陶砂《どうさ》
【薬品】紅雪《こうせつ》・紫雪《しせつ》など

【顔料】銅黄・緑青《ろくしょう》など
【皮革】豹虎皮
【陶磁器】藤茶碗・籠子
【動物の角】犀生角《さいきかく》など
【工芸品】瑪瑙帯《めのうおび》・瑠璃壺《るりつぼ》
【繊維品】綾、錦など
【笛の素材】呉竹《くれたけ》、甘竹など

特徴的なのは、当時の貴族文化を支える品の原材料が多かったということです。たとえば当時、寺院では儀式のために香は必須でした。貴族の日常生活でも着物に香を焚き込めるということが行われていて、やはり需要は高かった。その原材料として、中国からももたらされる沈や麝香などはブランド品としての高い価値があったのです。

酒宴などが開かれれば、音曲の演奏に楽器が欠かせません。そうなると、笛の原材料である呉竹や甘竹は高価なブランド品として珍重されたでしょう。貴族文化に使われる道具や品自体は日本的なものでも、その原材料には中国渡来のブランド品が使われていたという例が少なくありませんでした。

九世紀以降になると、こうした唐物を入手することは、平安朝廷の重大問題となります。貴族だけでなく、民間の富裕層も参入し、争って唐物を求めるようになりました。

奈良時代の遣唐使は、中国の進んだ制度などを日本にもたらすといったことに力点が置かれていました。平安時代になると、中国の文化的な部分に学び取りこもうとする方向性が見えます。しかし、中国を手本とし、中国的なモノを取り入れようという姿勢自体には、大きな変化はなかったと考えられます。

遣唐使と唐物の関係

八世紀の段階では、外交使節の往来に付随する大陸の物品の到来が、日本にもたらされる物流の主流でした。遣唐使の他にも、朝鮮半島の新羅《しらぎ》の外交使節が異国の文物をもたらすということもありました。

九世紀になると新羅との外交は途絶え、機能しなくなります。遣唐使もそれまでは十五年一度くらいの往来があったのが、三十年に一度といった具合に、交流の頻度は下がってしまいます。

しかし、外交使節の頻度は低下しましたが、文物の流通自体も低調になったかというと、それは違います。九世紀のころから、国際的に活躍する海商が出現します。彼らは外交使節以上に唐物の輸入や売買に積極的に取り組み、その結果、東アジアレベルでの物流における外交使節の果たす比重が減少していったというのが、この時代の国際交流の実態なのです。

八世紀の半ば、中国では安史の乱という内乱が起き、これをきっかけとして唐王朝の力は衰え始めました。確かに政治秩序としては弱まったかもしれませんが、新しい潮流が生み出されました。それは、国家的規制が緩んだことによって海商の活動が盛んになり、一方で海賊や難民という人の移動も活発化するのです。

朝鮮半島の新羅でも、国内の政情不安から中国に活路を見出した人々が唐の沿岸部に渡り、新羅人街を作ります。なかには結局は生活できなくて奴隷になってしまった新羅人の話も、日本から唐に渡った円仁《えんにん》という僧侶が残した『入唐求法巡礼行記《にっとうぐほうじゅんれいこうき》』などの記録に出ています。

こうした事例も含めて、この時代の東アジアでは人の移動が活発になっていたことは間違いありません。八世紀までは、唐でも日本でも、国家の使節以外の民間交流は抑制される傾向にありました。唐ではシルクロードの商人が唐に来ることは許していましたが、中国商人が外に出るのは認めてはいませんでした。

しかし、規制のタガが緩み国際商人の動きを国家が止められなくなってきたのが、九世紀段階の実情でした。国際商人の交流が活発となることによって、相対的に外交使節が文化交流に果たす役割は低下していくことになります。

遣唐使は八九四年に停止されますが、それは単に政治的な判断ということだけではなく、経済や国際交流における民間の要素（海商の活動）の活発化という時代背景があったのです。外交使節を派遣しなくても、海商の活動によって唐物を入手することではすでに可能であった。したがって、国家として遣唐使を派遣する必要性は低下したのです。

もちろん、人の交流が活発になれば、海賊の活動なども顕著となりました。菅原道真が遣唐使停止の理由として挙げた海上交通の安全確保が難しいという現実にもつながったのです。

◆日本をめぐる国際流通の変化

八世紀から九世紀にかけての、国際流通の変化についてまとめると、八世紀までは国家が外交関係を独占し、経済を含めた国際交流全般を国家が管理しようという時代だったと言えます。それが、九世紀には徐々に国家の統制がきかなくなり、反比例するように海商の活動が活発化し、国際流通の主役が律令国家から民間にシフトしていったのです。

見方を変えると国家の統制が効かなくなったために、人的交流の活発化に伴い、流民や海賊などの不安要素が増加し、さらにそれに対する国家の統制＝安全保障が困難になるという事態にもつながります。また、民間の海商による交易は、状況によっては輸入物品の高騰や、それに起因する経済の混乱を招く可能性もあります。それを防ぐため、朝廷は新たに、日本に到来する海商に対する管理の仕組みを作ろうと試みます。延喜《えんぎ》十一年制と呼ばれる制度で、一度、日本に来た海商は、何年か間隔を置かなければならないといった貿易の規制です。こうした措置には、海商による貿易の独占を防ぎ、同時に貿易の野放図な活発化によって、国の秩序が乱れて不安定化することを防ぐという政治的な意図があったのです。

一般的には、「国風文化」の時代とされる十世紀から十一世紀にかけては、このように国際流通が再編された時期であり、それが途絶えたわけではありません。

したがって、遣唐使の停止により中国との交流が途絶し、結果として「国風文化」が育ったという通説的なイメージは、国際環境の認識においても正しくはないということになります。

唐物と「倭漢」の思想

この時代の貴族文化の構造は、ブランドの頂点である中国的なるものと、日本的なものの弁別が重層化されたところにあります。唐物と言っても、中国で作られたものもあれば、それをマネして日本で作られた「中国風のもの」もありました。それらを一つに並べて吟味する、あるいは弁別するということに取り組むようになったのです。

並べるということは、比較するということに繋がります。日本のものと中国のものとを比較するという意識が、この時代に芽生えたと考えられます。それが「倭漢」の思想です。ただ単純に、中国のモノが素晴らしく日本のモノが劣るということではなく、自国の文化と中国のそれとを対比する自覚が萌芽したのです。

冒頭で、詩歌における国風文化の代表例として『和漢朗詠集』を上げました。これは「和＝日本」と「漢＝中国」の詩歌を並べて論じるという意識の表れだといえるでしょう。

これまで国風文化の時代ととらえられていた十世紀から十一世紀という時代は、国際環境や国際流通の変化に応じて、この「倭漢」の思想が生まれた時代ととらえ直すべきだと思います。

それは、自国の文化を意識するようになったということでもあり、その意味では日本の文化に自覚的になったと見ることも可能ですが、それが必ずしも文化の主流になったのではないことは、先述の通りです。

「国風文化」をこえて

最後にもう一点。東アジアの国際交流というのは、日本と中国だけで成り立つものではありません。朝鮮半島とも日常的な交流はありました。しかし、先に指摘した「倭漢」の思想だけを見つめてしまうと、朝鮮半島へのまなざしが欠落してしまうという落とし穴に入り込んでしまいます。仏教に視点をおくと、日本と中国にインド（天竺《てんじく》）を加えた三国によって世界が構成されているような世界観が現れてきます。仏教説話集である『今昔物語集』などは、そういった世界観で描かれています。これもまた、朝鮮半島の存在を見ていません。

実際には、例えば北部九州などで顕著なように、日本と朝鮮半島は非常に密接な関係を保ち続けています。しかし、「国風文化」という言葉に注目することで、いつの間にか日本だけ、あるいは日本と中国だけの関係を見れば済むといった誤解が生じてしまう恐れがあります。その点に注意しながら、平安時代を考える必要があります。

第2章

中世 亀田俊和

承久の乱を引き起こした後鳥羽上皇（『集古十種』より。国立国会図書館蔵）

亀田俊和（かめだ・としたか）

1973年秋田県生まれ。1997年京都大学文学部国史学科卒業。2003年同大学院文学研究科博士後期課程研究指導認定退学。2006年「室町幕府施行制度の研究」で京都大学博士（文学）。京都大学文学部非常勤講師などを経て、2017年8月より国立台湾大学日本語文学系助理教授。著書に『観応の擾乱』（中公新書）など。

新説 4

承久の乱の目的は鎌倉幕府の打倒だったのか

承久の乱をめぐる「論争」とは

承久《じょうきゅう》の乱は、鎌倉時代の中期、朝廷の勢力挽回を図る後鳥羽《ごとば》上皇が、鎌倉幕府の中心人物である執権《しっけん》北条義時《ほうじょうよしとき》の追討を掲げて挙兵したものの、一か月ほどであえなく幕府に敗れ、後鳥羽上皇をはじめとする三人の上皇（後鳥羽・土御門《つちみかど》・順徳《じゅんとく》）が配流《はいな》となった事件です。

承久の乱をめぐっては、近年、坂井孝一『承久の乱――真の「武者の世」を告げる大乱』（中公新書）、本郷和人『承久の乱――日本史のターニングポイント』（文春新書）が相次いで刊行され、一般の歴史愛好者の間でも関心が高まっています。

しかし、その数年前から新史料を駆使した新たな承久の乱研究が進み、この分野の研究者の間では話題になっていました。とくに話題となっていたのは、兵を挙げた後鳥羽上皇の狙いが、鎌倉幕府の打倒ではない、つまり「倒幕」ではなかったという新たな見解です。

この「新説」については、その後、やはり後鳥羽の狙いは倒幕だったのでは――とする反論も出されていて、まだ決着がつくには至っていません。私は、この論争に関心を持ちながらも、自分の本来の研究フィールドは室町時代前期であることから、いわば論争の外部から見た論争の概要を、私見を交えてご紹介したいと思います。

北条義時の追討令

承久三年（一二二一）五月十五日、後鳥羽は「北条義時追討の院宣《いんぜん》」を下します。これをもって承久の乱が始まったことになります。長村祥知さんや坂井孝一さんの研究をもとに、少々長くなりますが、この院宣（上皇の命令書）の全文訳を掲げます。

「故大臣」実朝《さねとも》の死後、御家人たちが「聖断」すなわち天子（この場合「治天《ちてん》の君《きみ》」後鳥羽）の判断・決定を仰ぎたいというので、後鳥羽は「義時朝臣」を「奉行の仁」、すなわち主人の命令を執行する役にしようかと考えていたところ、「三代将軍」の跡を継ぐ者がいないと訴えてきたため、「摂政《せっしょう》の子息」に継がせた。ところが、幼くて分別がないのをいいことに「彼の朝臣」義時は野心を抱き、朝廷の威光を笠に着て振舞い、然《しか》るべき政治が行われなくなった。そこで、今より以後は「義時朝臣の奉行」をさしとめ、すべてを「叡襟《えいきん》」（天子のお心）で決する。もしこの決定に従わず、なお反逆を企てたならば命を落とすことになるだろう、格別の功績をあげた者には褒美を与える。以上である。

（坂井孝一『承久の乱』より）

この院宣は、三浦義村《よしむら》や足利義氏《よしうじ》といった八人の有力御家人に宛てて出されたものとされています。

さらに後鳥羽は、この院宣に続いて、同日付の「北条義時追討の官宣旨《かんせんじ》」も下しています。官宣旨とは、中央官庁である太政官が発給する命令書のことです。内容的には先の院宣とほぼ同じですが、こちらは命令の宛先が、「五畿内・諸国（東海・東山・北陸・山陰・山陽・大宰府）」の「諸国荘園の守護人・地頭等」となっています。つまり、後鳥羽の挙兵は、東国の御家人だけでなく、全国の武士を巻き込んだ軍事行動にしようと意図していたのです。

確かに、あくまでも後鳥羽が語っているのは、北条義時が野心を抱いて正しい政治を行っていないので、その政治を差し止めて天皇がすべてを決めるということだけです。どこにも武家政権＝幕府そのものの存在を否定したり、その打倒を語る文言はありません。鎌倉幕府と呼ばれる「政権」のトップは、当時の言葉では「将軍」ではなく「鎌倉殿」と表現していました。承久の乱当時、鎌倉殿はまだ幼齢の藤原三寅《みとら》（のちの将軍・頼経《よりつね》）でしたが、その名前も、これらの追討令にはいっさい出てきません。

そう考えると、後鳥羽の目的はあくまでも北条義時の排除であって、幕府の打倒ではないという新説に妥当性があるように思えます。

私たちは、公家の政権である朝廷と、武家の政権である幕府が、常に対立していたと考える「公武対立史観」の影響を強く受けています。しかし近年、こうした考え方は見直されつつあります。公武が必ずしも対立しているわけではなく、協調したり依存したりもする関係であることが明らかになっています。

後鳥羽の意図が「倒幕」ではなかったとする説も、こうした研究動向を踏まえて、評価されているように思います。

後鳥羽方の挙兵と幕府の反応

後鳥羽方が当初集めた軍勢は、千七百余騎で、藤原秀康《ひでやす》・秀澄《ひでずみ》・秀能《ひでよし》の兄弟、佐々木広《ひろ》綱《つな》、大内惟信《これのぶ》、後藤基清《もときよ》、大江能範《よしのり》、三浦胤義《たねよし》、佐々木高重《たかしげ》、安達親長《あだちちかなか》、熊谷実景《くまがいきねかげ》、佐々木経高《つねたか》などの名が知られています。後鳥羽が引き立てた武士もいますが、鎌倉幕府の御家人が多く、西国の守護職《しゅごしき》をもつ武士もいました。義時追討令が発せられたのちは、諸国に後鳥羽方の使者が遣わされ、軍勢が集められました。

後鳥羽方挙兵の報は、伊賀光季《みつすえ》や西園寺公経《さいおんじきんつね》の使者によって、五月十九日に鎌倉に伝えられました。騒然とした状況で、幕府首脳陣は北条政子の邸宅に集合します。政子は安達景盛《かげもり》を通じて自らのことばを伝えました。幕府旗揚げ以来の歴史を語り、源頼朝の御恩を強調して御家人の結束をうながす名演説だったとされています。

翌日、義時の館で軍議が開かれます。箱根の関を固めて後鳥羽方の軍勢を待ち受けようという意見が支配的でしたが、京都から鎌倉に来て幕府長老となった大江広元《ひろもと》は、「運を天に任せ京へ攻め上れ」と反論。義時や政子は、この意見を採用します。

幕府は三方面に軍勢を手分けして、進軍を開始します。北条時房《ときふさ》・泰時《やすとき》、足利義氏、三浦義村、千葉胤綱《たねつな》が東海道、武田信光《のぶみつ》、小笠原長清《ながきよ》、小山朝長《おやまともなが》、結城朝光《ゆうきともみつ》が東山道、北条朝時《ともとき》、結城朝広《ともひろ》、佐々木信実《のぶざね》が北陸道と、それぞれ西に向かって出陣しました。

幕府軍は道々で徐々に兵力を増し、『吾妻鏡』によれば最終的には十九万騎に膨れ上がったとされています。

戦いの経過

院宣に従う武士たちによって義時が討滅されると信じていた後鳥羽上皇らは、これを聞いて狼狽したとされます。そしてとりあえず、藤原秀康を総大将として幕府軍を迎え撃つこととして、一万七千五百余騎を美濃《みの》国へ差し向けます。対する甲斐《かい》源氏の武田信光・小笠原長清率いる東山道軍五万騎が、大井戸渡で上皇方を撃破。藤原秀康らは宇治・瀬田で京を守るとして早々に退却を決める。六月六日には北条泰時、時房の率いる主力の東海道軍十万騎が墨俣《すのまた》の陣に攻めかかりましたが、すでに敵陣はもぬけの殻で、上皇方は総崩れになり、大敗を喫しました。さらに、北条朝時率いる北陸道軍四万騎も、砺波山《となみやま》で京方を撃破。加賀《かが》国を経由して京を目指して軍を進めます。

当初見込んでいた鎌倉方の離反がなく、また、鎌倉方の進撃が予想以上に速かったため、上皇方は動揺して洛中は大混乱となります。上皇方は、残る全兵力を宇治・瀬田に布陣させ、宇治川で幕府軍を防ぐことに決めます。

六月十三日、上皇方と幕府軍が激突。京方は宇治川の橋を落とし必死に防戦します。幕府軍は豪雨による増水のため多数の溺死者を出しましたが、敵陣の突破に成功。京方は潰走し、幕府軍は十四日の夜には京へなだれ込みました。

◆義時追討令の撤回

各地の戦いで敗れた上皇方の諸将は京都に戻ってきます。三浦胤義や山田重忠らは院御所に籠もり鎌倉方と最後の戦いを挑もうと申し入れました。しかし後鳥羽は、御所が攻撃対象になることを恐れ、彼らを門前払いにします。この後鳥羽の態度に胤義らは失望し、このような主君の誘いに乗って謀反に加わってしまったことを深く悔いたとされています。

六月十五日、泰時・時房らの軍が入京。数日後には北陸道の北条朝時の軍も入京しています。後鳥羽は泰時らに使者を送り、今回の合戦は謀臣たちが自らの意思に背いて勝手に起こしたものであると弁明し、義時追討命令を撤回しました。

六月十六日、泰時は父義時に戦勝報告を行いました。その報を聞いた義時は「今ハ義時思フ事ナシ」と喜びの声を上げました。

「倒幕」を意図していたのか

こうして後鳥羽が起こした承久の乱は収束します。

では、ここで改めて、後鳥羽が本当に倒幕を意図していなかったかどうかについて、考えてみたいと思います。

まず問題なのは、北条義時を打倒した後、後鳥羽はどのような政治体制を作るつもりだったのか。この点について、明確に論じている方はいません。もちろん、承久の乱はわずか一か月で幕府軍の圧勝に終わったので、後鳥羽が何を目指していたのかを正確に理解するのは不可能なのです。

たしかに後鳥羽の下した追討令の文面は「義時追討」ですが、後鳥羽の立場からすれば、武家政権を倒すためには、幕府御家人の協力も必須だったはずです。もし追討令で、幕府＝武家政権全体を敵に回すような内容を書けば、彼らの反発は必至で、協力を得ることは難しくなってしまいます。

となれば、追討令ではターゲットを北条義時一人に絞りながらも、全体的な意図としては幕府の打倒だったと考えても不自然ではありません。むしろ、その方が現実的だったと考えるべきかもしれません。

時代は百年ほど下りますが、後醍醐《ごだいご》天皇が挙兵したときも、追討対象は「北条高時《たかとき》とその一族」でした。幕府を倒すなどとは言っていません。だからといって後醍醐が北条高時の排除だけを目指していて、幕府の存続は認めていたかというと、それを肯定する論者はおそらくいないでしょうし、現実問題として幕府を滅ぼしてしまったわけです。したがって、後鳥羽の場合もあくまでも目的は義時の排除だけであって、倒幕の意図はなかったと断定するのも、やや躊躇されるところです。

なぜ義時追討を掲げたのか

もう一つ、当時の幕府は北条政子が事実上の将軍（尼将軍）でした。義時は執権として政子の政務を補佐していました。そして鎌倉殿はすでに述べたように三寅です。このような状況で、後鳥羽が追討の相手を女性である政子や、幼い三寅にするわけがない。女性や子どもを追討対象にはできないから義時の名前を挙げたのであって、やはり後鳥羽の目的は倒幕であったと、田辺旬さんは論じています。

さらにいえば、当時は幕府という言葉自体が、武家政権を指す言葉としては存在しませんでした。となると、後鳥羽が追討令のなかで幕府打倒を語らず、追討対象として義時の名を挙げたのは自然なことであり、だから倒幕の意図はなかったと結論づけるのは、やや性急な気がいたします。

仮に義時個人の殺害が成功し、後鳥羽が幕府を意のままに動かせるようになったとしても、そこで後鳥羽が御家人たちの所領を安堵し、武家政権を維持したかどうかは、非常に怪しいと思います。このとき、『愚管抄《ぐかんしょう》』の作者として知られる僧の慈円《じえん》は、「義時が討伐されれば三寅の身も危うい」と、『門葉記《もんようき》』という史料で語っています。

「公武対立史観」と後鳥羽の意図

先ほど、「公武対立史観」が克服されつつあるということについて触れました。公武が常に対立しているという歴史観は、たしかに否定すべきだと思います。しかし、後鳥羽が幕府打倒を目指していたかどうかとは、別に考える必要があります。それは必ずしも矛盾するものではないというのが、私の考えです。「公武対立史観」を否定したとしても、後鳥羽の目的が倒幕ではなかったことの証明にはなりません。公武が必ずしも対立していないからと言って、後鳥羽が倒幕を目指していなかったというのは、冷静に考えてみれば論理の飛躍であるように思います。

また、後鳥羽が挙兵したとき、西国の守護や京都守護職などは後鳥羽に味方しました。後醍醐の挙兵の際も、伊賀兼光や赤松円心《えんしん》、楠木正成《くすのきまさしげ》といった武士たちが、後醍醐方についています。つまり、幕府の構成員であっても、天皇の命令があれば従うということは、普通にあったわけです。

そう考えると、後鳥羽が「義時追討」を掲げて北条氏以外の武士を糾合し、それによって幕府を倒すというプラン自体は、けっして「あり得ない」話ではなかったと、私は思います。倒幕が目的だったとしても、味方は少しでも多い方がいいわけですから、幕府方の人間を寝返らす策はとるでしょうし、実際に寝返った武士もいたわけです。

相手を確実に倒すために、敵方の人間を寝返らせるというのは、現代の政争でも普通にあることでしょう。そう考えると後鳥羽が追討の対象を義時に絞ったのは、幕府内の離反を招く策であったと考えてもよいかもしれません。

後醍醐方が鎌倉幕府を滅ぼしたとき、実は滅亡したのは北条氏と長崎氏など一部の御内人《みうちびと》だけで、他の武士、御家人は存続しています。しかし、武家政権である鎌倉幕府は滅亡しているのですから、「義時追討」と「倒幕」とをまったく別の論理と決めつける必要はないと思います。

南北朝時代と承久の乱を比較する

後鳥羽と後醍醐の比較をもう少ししてみます。二人とも武士の存在自体を否定してはいません。否定しようがないほど、日本中に武士は広がっていたわけで、それは当然なのです。しかし、統治者＝政治権力としての武家政権を認めたかどうか。後醍醐は認めずに、失敗はしましたが、独自の建武政権を作り上げました。では後鳥羽はどうだったか。これについては、論者によって意見が分かれるところでしょうし、現段階では結論は出ないと思います。

興味深いのは、後醍醐が最初に挙兵した元弘《げんこう》の変のさい、かなり承久の乱の故事を意識しているということです。当時の軍忠状という、自分の軍功（手柄）を証明するための文書を見ると、自分の先祖は承久の乱で上皇方としてこんな働きをした、といったことが書かれている例をたくさん見ます。彼らの多くは、先祖が承久の乱で朝廷のために働いた故事と、自分たちの今回の戦功とを重ねて建武政権に上申し、恩賞を求めたわけです。

後醍醐やその周辺の人間が、承久の乱を「武家政権を倒そうと立ち上がった先例」として意識していたのは、確かです。百年の時を隔てていますので、後鳥羽の意図を正確に推し量る材料にはなりませんが、少なくとも、鎌倉時代末期の人々の間では、承久の乱は「倒幕」の先例と考えられていたことは押さえておく必要があると思います。

それは、承久の乱から何年も経てから、「あれは倒幕を目指した戦いだった」と記憶を上書きしたのかもしれませんし、承久の乱当時の意識や社会常識が語り継がれてきた結果なのかもしれません。それを弁別するのは、非常に難しいことだと思います。

◆承久の乱が成功していたら

再末期の鎌倉幕府は、全国の半分を守護分国にして、北条氏の本家である得宗《とくそう》家は強大な勢力を誇っていました。しかし、最後は実にあっけなく滅んでしまいました。承久の乱当時の幕府は、東国の一武家権門に過ぎなかったとする研究者もいるくらい、比較にならないほど弱い存在でした。

後鳥羽が目指していたのが北条義時排除なのか、それとも倒幕なのか、最終的な結論はまだ出せませんが、もし承久の乱が成功していれば、義時が排除されるだけでは収まらず、現実問題として幕府自体も崩壊していたのではないでしょうか。

新説 5

観応の擾乱の主要因は足利直冬の処遇問題だった

室町時代初期の内戦とその「第一幕」

観応《かんのう》の擾乱《じょうらん》とは、征夷大将軍として室町幕府を開いた足利尊氏《たかうじ》とその執事である高師直《こうのもろなお》と、尊氏の弟で幕政において主導的役割を担った直義《ただよし》との対立から起きた、全国規模の内戦です。「日本史上、最大の兄弟喧嘩」などともいわれますが、この内乱の本質的な意義は、別のところにあると、私は考えています。

まず、この内戦の発端となった幕府内の対立は、貞和《じょうわ》四年（一三四八）正月、四条畷《しじょうなわて》の戦いで、高師直勢が南朝方の楠木正行《まさつら》（楠木正成の遺児）勢を撃破したころから始まっていました。

二年後の観応元年（一三五〇）十月、尊氏が、実子ながら直義の養子となっていた足利直冬《ただふゆ》を討伐するために九州に向けて出陣します。直冬は養父である直義方についていたのです。尊氏不在のスキをついて直義は京都を脱出。この時をもって、観応の擾乱が幕を切ったとされています。

その後、直義方が圧勝し、翌観応二年二月には、師直とその一族が摂津国武庫川《せっつむこがわ》付近で斬殺されます。

ここまでが、観応の擾乱の「第一幕」と私は呼んでいます。

◆観応の擾乱の「第二幕」

観応二年二月末、尊氏と直義は相次いで京都にもどり、翌三月、二人の会談によって政治体制を擾乱以前の状態に戻し、直冬を九州支配担当の鎮西探題《ちんぜいたんだい》に任命することを決め、講和を結びました。直義は尊氏の嫡男義詮《よしあきら》の補佐として政務に復帰します。しかし、この講和はわずか五か月で破綻。同年七月末に直義が京都を脱出して北陸に下向したことで、擾乱の「第二幕」が始まります。

同年十月には、尊氏が、南朝方に降伏するかたちで講和を結び、一時的に南北朝が統一される「正平一統《しょうへいいっとう》」を挟みますが、その後は尊氏勢が優勢となり、翌正平七年（一三五二／観応三年）二月に直義が鎌倉で死去したことで、観応の擾乱は終焉を迎えたとされています。

しかし、直義の死の翌閏二月に「正平一統」は破綻し、京都と鎌倉で幕府勢と南朝勢が大激戦を繰り広げます。文和《ぶんな》四年（一三五五）二月から三月にかけても、尊氏は南朝方と手を結んだ直冬と京都で激しく戦います。直冬は直義の勢力を継承していますので、広くみれば観応の擾乱はここまで続いていたといえるかもしれません。

その後、尊氏は延文《えんぶん》三年（一三五八）に亡くなり、中国地方に逃れた直冬も勢力を弱めます。

「尊氏・義詮・高師直」と「直義・直冬」の対立に、南北朝の対立が重なり、目まぐるしく敵・味方が入れ替わるなどし、この内戦の全体像は非常につかみづらいと言われています。学校教科書などには必ず登場する出来事ですが、そのせいか、記憶には残りづらい戦いかもしれません。

観応の擾乱をめぐる新たな見解

この観応の擾乱について、これまで通説として語られていたことと、私の見解が大きく異なる点がいくつかあります。それは、私が提唱した「新説」ととらえても良いように思います。

まず第一点。直義と師直については、その政策・支持基盤・勢力圏すべてが異なり、それが互いの対立を招いたというのが、南北朝期研究の第一人者であった佐藤進一さん以来の定説でした。それに対し、私自身は、非常に大雑把にいえば、この二人にそれほど大きな差はなく、取りあえず相手に勝てればいいだろうといったスタンスだったろうと考えています。

第二点は、「足利直冬の処遇問題」です。観応の擾乱をめぐる従来の記述に比べ、私は直冬の存在をよりクローズアップして描いています。直冬をどのように処遇するのかについて、直義の方針に高師直が異を唱えたことが、観応の擾乱の直接的な契機となったと、私は考えています。

そして第三点、擾乱が長期化したのは、所領問題、とくに「恩賞の配分問題」だと、私は考えています。所領をめぐる問題は、全国各地に波及しています。少しでも所領を得たい武士たちは、恩賞を得るために戦いを止めることができません。恩賞が十分納得がいくように分配されていれば、戦いを続ける理由はなくなります。恩賞に対する不満が、戦いを長期化させていったわけです。

恩賞充行はなぜ重視されたのか

結果として、観応の擾乱にとどまらず、南北朝内乱そのものが長期化してしまったのは、まさに「恩賞の配分問題」であり、当時の言葉で言えば「恩賞充行《あてがい》」の不備だったと、私は考えています。

観応の擾乱の時期は、建武政権時代に匹敵するほど、あるいはそれ以上、恩賞充行の下《くだし》文《ぶみ》がたくさん出されています。恩賞関連の幕府法もたくさん出されています。つまり、武士の経済的な利益を与える政策が非常に重要だったということです。戦乱となれば、少しでも多くの武士を味方につける必要があったわけで、彼らに利益をもたらす政策が重視されたのは、当然といえば当然なのです。

その意味で、恩賞充行政策は戦乱を収めるための最重要課題だったと言えます。恩賞を上手に分配できた勢力が、全国の武士の支持を得ることにつながり、戦いにも勝利することができる。結果から言えば、尊氏・義詮父子は最終的にそれができたからこそ、勝利を収めることができた。そう考えるべきだと思います。

直義はなぜ敗北したのか

一方、敗れた足利直義は、何を目指していたのか。観応の擾乱の少なくとも前半における直義の戦略目標ははっきりしています。高師直の排除と足利直冬の承認です。この二つに絞って、直義は戦ったわけです。もちろん、南朝との講和交渉という課題もありましたが、取りあえず幕府の方針をめぐって直義が目指したのは、その二点なのです。

そして、この二点について直義は目標を達成しています。そうなると、あとはできるだけ内戦の前の政治状況に戻したいと、直義は考えたのだと思います。もちろん、直義に近い人物を登用するなど、人事に関しては新たな展開はありましたし、師直がその地位にあって権限をふるった「執事」は廃止します。しかし、それ以外はできるだけ元の状態に戻すのが、直義の考えでした。

しかしその結果、以前から尊氏が保持していた恩賞充行の権限も、直義は温存してしまいました。したがって直義は全国の武士の支持を集めることができず、最終的には敗北に至ってしまったわけです。

観応の擾乱の「画期性」

この観応の擾乱を契機に、室町幕府の体制は大きく変化します。擾乱以前には、この「恩賞充行」は停滞しがちで、全国の武士の所領要求を満足させることはできませんでした。この内戦を通じて、幕府は武士たちが納得いくようなかたちで恩賞を分け与えるシステムを構築したと、私は考えています。

三代将軍足利義満《よしみつ》の人物と政策を掘り下げた結果、室町幕府を作った、あるいは幕府の体制を固めたのは義満だったとする研究をよく見ます。武家政権と朝廷の両方の頂点に立つ権力である「室町殿」という地位に、義満が就いたする考えがその根底にあります。義満の時代が大きな画期となったのは事実だと思いますが、その画期を招き、室町幕府の支配体制を固めたのは、観応の擾乱なのです。

直義が望んだ幕府の体制

足利直冬の処遇問題について、もう少し掘り下げましょう。

直冬という人物は尊氏の実子で、母親は越前局《えちぜんのつぼね》という女性だといわれていますが、詳細は分かりません。『太平記』には、若い頃の尊氏が越前局という出自の分からない女性のところへ忍び通って生ませた子であると書かれています。なぜか尊氏に疎まれて認知もされず、男子のいない直義が引き取って養子としたとされています。

その直冬が、やがて尊氏・直義の次の後継者をどうするかという問題に絡んできます。尊氏には嫡男の義詮が、観応の擾乱が起きるまでは、鎌倉で東国の統治を担っていました。そこに突然、直冬という存在が彗星のように登場します。官職も一気に義詮と互角になり、さらに直義の後押しを受け、紀州遠征で南朝勢力の討伐に力を発揮し、武将としての評価も高まります。

そして、貞和五年(一三四九)ごろには中国地方など西国を管轄する長門《ながと》探題に任命され、大勢の評定衆・奉行人や軍勢を引き連れて赴任します。これは、関東の義詮に匹敵する広域統治機関を作ったとも評価できます。これは、東に義詮、西に直冬という将軍の二人の子息を置いて、全国を支配するという直義の構想だったという見解もあります。

これに異議を唱えたのが、高師直です。なぜそこまで直冬を重用するのか、ということでしょう。これがおそらく、直義・師直の対立の最大の理由でしょう。師直は、あくまでも義詮を尊氏の後継者とすべきという立場でした。ただし当時、幕府の実権を握っていたのは将軍の尊氏ではなく、弟の直義だったので、師直が義詮を次の「将軍」にすべきだと思っていたかどうかは定かではありません。

すべては直冬から始まった

いずれにせよ、直冬を重用して出世させると、必ず後継者問題を引き起こすであろうと、師直が警戒していたのは間違いありません。だから、直義の構想に強く反対したわけです。観応の擾乱開始の前年、貞和五年（一三四九）八月十四日に、土御門《つちみかど》東洞院《ひがしのとういん》の尊氏邸を大軍で取り囲みました。邸宅内には、危険を察知した直義も避難していました。将軍の屋敷を大軍で取り囲んで、政治的な要求を行うことを、当時は「御所巻《ごしょまき》」と呼んでいました。室町幕府独自の風習です。

この御所巻によって、師直は上杉重能や畠山直宗ら敵対勢力を失脚させ、直義を隠退に追い込むという「要求」を尊氏・直義に飲ませることに成功しました。すると師直は、すかさず東国から義詮を京都に呼び寄せ、三条殿《さんじょうどの》という直義の地位を継承させます。ちなみに、三条殿とは直義の屋敷の名称で、直義は三条殿と呼ばれ、その権力＝地位もまた三条殿と呼んでいます。師直は、義詮は直義の屋敷「三条殿」とともに、その地位をも継承させたのです。

さらに師直は義詮とともに美濃などに遠征して、土岐周済を滅ぼします。義詮に武将としての実績を積ませるつもりだったのでしょう。そして観応元年の観応擾乱勃発のきっかけも、すでにふれたように、尊氏が直冬を討つために京都を離れたスキを狙って直義が京都を脱出して挙兵したことなのです。つまり、観応の擾乱は、直冬がきっかけとなっているのです。

その後、師直が殺されると、政界に復帰した直義の肝いりで、直冬は鎮西《ちんぜい》探題に任命され、正式な幕府の一員として赴任しています。

こうした経過を見ると、観応の擾乱の主たる原因となったのは、どう考えても直冬しかありえないのではないでしょうか。

◆直義の実子・如意王の誕生

これまで、観応の擾乱の原因として、直義に生まれた実子・如意王《によいおう》の存在を挙げる研究者の方もいました。黒田日出男さんや森茂暁さんがそうです。貞和三年（一三四七）、四十歳を過ぎた直義に実子が誕生しました。これが如意王です。実子が誕生したことにより、直義は尊氏・義詮父子を倒して、幕府の実権を息子に継がせたいと願い、その結果、観応の擾乱が起きたという考え方です。『太平記』にも、それをうかがわせるような記述があります。

しかし、観応の擾乱が起きたとき、如意王はまだ三歳くらい。幼児の死亡率が高かった当時ですから、まだ如意王の成長を前提として将来を描く状況ではなかったはずです。実際、如意王は五歳で死んでしまいます。将軍の後継云々を考えるのは、もっと先のことだったはずです。

もちろん、直義は如意王のことは大事に考え、幸せな将来を望んでいたことでしょう。しかし、直義の立場からすれば尊氏を倒して如意王をその後釜に据えるような「無理」をする必要などありませんでした。幕府の名目的な最高権力者は尊氏でしたが、実質的な最高権力者は直義でした。如意王が順調に成長すれば、自分の「地位」である三条殿を継がせれば十分だったはずなのです。尊氏と無理に抗争を繰り広げて戦乱を招くよりも、何もしないで平和のうちに自分の後継者にする方が、如意王にとってはよほど幸せだったはずで、直義もそれは理解していたでしょう。

したがって、如意王の誕生が観応の擾乱と関わってくるという考え方は、私は支持していません。如意王が生まれた時点で、すでに義詮や直冬という成人した次世代の後継者候補がいたわけですから、まずは考えるべきは彼らの処遇であり、如意王の存在が直義を動かすほどのものであったとは、とうてい思えません。

尊氏は直冬を嫌っていたか

尊氏と直冬の関係について、改めて考えてみます。

従来、尊氏は直冬のことを、実子であるにもかかわらず異常なほど嫌っていたと考えられてきました。私もかつてはその通説を信じていて、尊氏は、「義詮と直冬を東西に配して全国統治をするという直義のプラン」に反対だったと考えていました。

しかし、現在では考えを改めています。尊氏は直冬を嫌ってはいませんし、このプランにも反対していないのです。

実際、尊氏が庶子の直冬を嫌っていたと書かれているのは、『太平記』だけなのです。もちろん、観応の擾乱では敵対関係になるわけですが、少なくとも尊氏と直義が対立関係になる前は、尊氏が直冬を嫌っていたという確かな証拠はありません。むしろ義詮と直冬がほぼ同じ官位を得ていたことからも、尊氏がこの二人を同等に扱っていたのは間違いないと思います。

足利義詮の新たな評価

尊氏の嫡男で二代将軍となる義詮についても考えてみたいと思います。

これまで、この時代を語るとき、義詮についてはあまり重視されてきませんでした。あくまでも尊氏の陰に隠れた存在で、その人物像や功績について論じられる機会は少なかったと思います。

しかし、実際の義詮は非常にふてぶてしく、軍事的・政治的な実力のあるひとかどの人物であったと、私はとらえています。

観応の擾乱の第一幕が終わり、尊氏と直義が講和して、元の政治体制に戻ります。しかし、その期間はわずか五か月ほどで終わりを迎えます。直義に替わって三条殿の立場を得た義詮は、観応二年六月頃に、自らが所務沙汰を親裁する機関として「御前沙汰《ごぜんさた》」を発足させ、直義の権限を奪ってゆきます。そして、戦わずして直義をほとんど失脚状態に追い込んでいったわけです。

この御前沙汰は、それまで引付方《ひきつけかた》が持っていた裁判の権限を奪いました。それまで武士の所領をめぐる裁判は直義がやっていたわけですが、義詮はその権限を奪い、自らが裁判を行うようになります。引付方では、訴えられた側の反論も聞き、両方の言い分を聞いたうえで判決を出しましたが、この御前沙汰では、基本的に訴えられた側の反論を聞かず、訴えた人間を勝利させてしまうという性格がありました。現代の感覚からすると、非常に雑な処置に思えますが、そうすることよって、所領をめぐる争いにより迅速に決着をつけることができ、費用もかかりませんでした。

つまり、直義時代の裁判よりも、義詮の裁判の方が評判が良かったわけです。義詮は、内乱の時代に合った、そして当時の武家の常識に照らして非常に合理的な処置をとったといえると思います。

その後、一時的な南北朝統一である「正平一統」も、義詮が強引にことを進めて実現しています。さらに観応の擾乱の第二幕で、尊氏と直義が激しく戦う局面となると、義詮はしきりにその戦に参加したがります。非常に積極的で意欲的な武将・政治家であったと見るべきだと思います。

しかも、観応の擾乱の第二幕への流れなどを見ていますと、裏では父の尊氏とも対立しているような気配を感じます。あまりしっくりいってない。不協和音がうかがえます。その意味で非常に自己主張の激しい人物だったのも確かでしょう。義詮の評価については、改めて検討が必要かもしれません。

ちなみに、観応の擾乱の第一幕から第二幕にいたるまでの五か月間、実は先ほど触れた恩賞充行は停滞してしまっています。ところが、義詮が御前沙汰によって直義を排除し、第二幕に入ると、恩賞充行は一気に増加します。尊氏と義詮は大量の恩賞充行を実行します。それが第二幕における尊氏・義詮の勝利を導き出したことになります。

新説 6 応仁の乱の主な原因は将軍の後継者争いではなかった

応仁の乱の概要

応仁《おうにん》の乱をめぐっては、近年、呉座勇一さんの『応仁の乱』(中公新書)が異例ともいえる大ヒット、ベストセラーとなったこともあり、さまざまな議論や、一般的には新説ととらえられる「説」が注目されています。そして、それに対する反論も話題となるなど、研究の場においても、応仁の乱が一種の「ブーム」となった観があります。

応仁の乱について、近年は「応仁・文明《ぶんめい》の乱」と表現することが多くなってきました。乱の起きていた期間を正確に表すには「応仁・文明の乱」と表記すべきであり、研究書などではこの表記が浸透してきたように思います。しかし、教科書などではまだ「応仁の乱」とする例が多いようですので、ここでは「応仁の乱」で統一したいと思います。

まず、応仁の乱の経緯について、大枠を押さえておきたいと思います。

わずか十四歳で室町幕府の八代将軍となった足利義政《よしまさ》は、十代後半から積極的に将軍親政を開始し、守護大名《しゅごたいめい》家の家督継承をめぐる内紛にも介入するようになります。当時、管《かん》領《れい》を務める三家の内、畠山《はたけやま》氏と斯波《しば》氏は深刻な内紛を抱えていました。男子のいない畠山持国《もちくに》は、弟の持富《もちとみ》を養子としましたが、やがて側室との間に義就《よしひろ》が誕生したため、家督を義就に譲ろうとします。ところが重臣たちは持富とその子政長《まさなが》を支持しますが、調停を求められた将軍義政は義就の家督相続を支持します。その結果、畠山氏は政長派と義就派に分裂。両派の抗争は長く続くことになります。

一方、斯波氏では、当主の死が相次いで、庶流の出である斯波義敏《よしとし》と斯波氏の重臣である甲斐《かい》氏が激しく対立していました。

東国・関東問題と足利義政

将軍義政は、東国・関東の問題にも取り組んでいました。初代将軍足利尊氏の子基氏《もとうじ》が鎌倉に下向して以来、その子孫は代々鎌倉公方《くぼう》として東国の支配を担当していましたが、京都の将軍家に対する対抗意識から、しばしば軋轢《あつれき》を生んでいました。

義政は、五代目の鎌倉公方(初代古河《こが》公方)の足利成氏《しげうじ》を押さえつける目的で、庶兄の政知《まさとも》を成氏に替わる鎌倉公方とするために関東に派遣します。政知は鎌倉に入れず、伊豆の堀越《ほりごえ》に拠点を置き堀越公方と呼ばれるようになります。義政は政知を支援するため、政知の後見役である渋川義鏡《しぶかわよしかね》の子義廉《よしかど》に、斯波義敏にかえて斯波氏の家督を継がせました。そして足利成氏と近い関係にあった畠山義就を畠山家の家督から外し、政長を家督とする手のひら返しをしました。

東国・関東政策と守護家への介入という、義政の二つの大きな政策は、このように連動していたと考えられています。

◆文正の政変

斯波氏の領国である越前《えちぜん》や尾張《おわり》、あるいは畠山義就が将軍義政の命令を無視して政長と抗争を繰り広げていた河内《かわち》や大和《やまと》は、内乱状態におちいります。そして、戦火に追われた避難民が京都へと流入し、折からの大飢饉（長禄《ちょうろく》・寛正《かんしょう》の大飢饉）の影響もあり、京都では略奪や放火が横行しました。

こうした状況下で、男子のいない義政は、寛正五年（一四六四）に弟の義視《よしみ》を後継者に指名します。ところが翌年、正室の日野富子《ひのとみこ》との間に男子が誕生。足利義尚《よしひさ》です。政所《まんどころ》執事《しつじ》で幕政を牛耳っていた伊勢貞親《いせさだちか》が義尚の後見となりますが、邪魔になった義視の暗殺を謀り失敗。逆に失脚します（文正の政変）。

当時、最大の実力者と目される細川勝元《ほそかわかつもと》は、瀬戸内海沿岸地域の領有をめぐり、大内政弘《おおうちまさひろ》や、それまで友好関係にあった舅の山名宗全《やまなそうぜん》と対立するようになります。その宗全は、畠山氏の家督争いで孤立無援の戦いを続ける畠山義就に注目し、接近を図ります。

応仁の乱の勃発

こうした状況下で、応仁元年（一四六七）正月、政変によって畠山義就が復権、斯波義廉が管領となります。義就に煮え湯を飲まされたかたちの畠山政長は、自邸に火を放って上御霊《かみごりょう》神社に布陣しました。義就の後ろ盾となっていた山名宗全は政長に先制攻撃を仕掛けます。応仁の乱の勃発です。

当初、山名勢が政長勢を圧倒しましたが、これに対抗する細川勝元は、五月に将軍義政の拠る室町御所を占拠し、自軍を幕府軍と位置付けたうえで今出川《いまでがわ》邸に陣取ります。これに対し、山名方は五辻通《いつつじどおり》大宮東に布陣。以後、細川方を東軍、山名方を西軍と呼ぶようになります。東軍の攻勢で西軍は劣勢となりますが、八月になると周防《すおう》・長門《ながと》から大内政弘が上洛し、西軍が巻き返しを図ります。

東軍内部では、大将となっていた足利義視が日野富子と対立し、伊勢に出奔するという事態が起きます。すると翌年、西軍はその義視を迎え入れ、文明三年（一四七一）には南朝の末裔とされる小倉宮《おぐらのみや》の皇子を擁立して「西幕府」をうたうようになります。

勝者も敗者もいない結末

開戦以来、五年以上が過ぎ、京都の町は荒廃し、多くの市街や寺社が焼失しました。また飢饉や内乱の避難民が都に流入し、雇われ歩兵である「足軽《あしがる》」として各陣営にやとわれて戦場で戦い、あるいは市街で乱暴・狼藉を働いていた。

各武将も、長く続いた戦いに疲弊して講和の動きがみられましたが、乱の発端となった畠山義就が戦いをやめようとしなかったこともあり、なかなか講和は実現しません。そうこうするうち、文明五年（一四七三）には細川勝元、山名宗全という両大将が相次いで病死します。将軍義政は、息子の義尚に将軍職を譲ります。

日野富子は、西軍の諸将に働きかけ講和を模索。西軍のキーマンとなっていた大内政弘を懐柔します。文明九年に大内政弘は帰国し、東西両軍どちらの勝利ともつかぬ形で、応仁の乱は収束します。しかし、畠山義就は河内にくだり、その後も戦いを続けました。

応仁の乱をめぐる最新研究と新説

この応仁の乱をめぐり、研究者の間で主に議論となっているのは、乱の原因が何であったかということと、いったい何をめぐって争われた戦いだったのかということだと思います。

応仁の乱の一般的なイメージは、すでに述べたように細川勝元と山名宗全という実力者同士が対立し、争ったということだと思います。そして、そこに畠山や斯波などのこれも有力大名家の家督争いが絡み、さらに八代将軍・足利義政の後継者をどうするかという問題が絡み、そこに「悪女」の日野富子が「暗躍」し、抗争が複雑化し、長期化したということだと思います。

これに対し、家永遵嗣さんは、応仁の乱と東国・関東の政治情勢とが密接にかかわっていると見て、そこを重視して持論を展開しています。そして、呉座勇一さんは畠山家の家督争い、なかでも畠山義就の動きがこの内乱の核であり、それに細川や山名、足利将軍家が巻き込まれてしまったという視点で、応仁の乱をとらえていると思います。そして、畠山家の根源にあるのは本拠地の河内国です。河内は隣国の大和国と非常に深い関係にある。大和は鎌倉期以来、興福寺《こうふくじ》が非常に力を持っている地域で、寺社や国人《こくじん》が何百年も争ってきた地域です。その複雑な対立関係が畠山家の争いと絡み、より複雑な様相を呈していったというのが、呉座さんの見立てだと理解しています。

このお二人の描く応仁の乱像の違いは、歴史的事象のどこを重視するかという視点の違いによって生じたものであり、事実関係について大きな認識の違いがあるわけではないと思います。

『応仁記』が描く応仁の乱と日野富子

もう一点、論争となっているのは、応仁の乱を記録した『応仁記』という軍記物と、おもに『応仁記』によって「応仁の乱の主因」「悪女」として描かれてきた日野富子の評価についてでしょう。

通俗的な理解における日野富子は、わが子義尚に将軍を継がせるため、はじめは山名宗全を頼っていたのが、応仁の乱が始まると途中から細川勝元に付くようになった。つまり西軍から東軍に寝返ったという理解で、これはまさに『応仁記』を根拠とする富子像です。『応仁記』は、義尚とともに将軍後継者候補の足利義視も、東軍から西軍に移ったとしています。

こうした対立関係を図式化するならば、応仁の乱が始まるまでは、

「富子・足利義尚＝山名宗全・畠山義就」対「足利義視＝細川勝元・畠山政長」

こうした図式だったものが、応仁の乱が勃発して一年後になると、

「義視＝宗全・義就」対「義政・富子・義尚＝勝元・政長」

という図式に変わったという理解なのです。

応仁の乱をめぐる新説とその評価

これに対し、家永さんや呉座さんは、こうした構図は『応仁記』の創作であり、日野富子は最初から細川と組んで東軍だった、裏切ってなどいないと主張しているわけです。素朴な感想として、確かにその方が自然だとは思います。

しかし中世という時代は、敵味方が激しく入れ替わるような事態も、平気で起きます。南北朝の内乱を見れば、それは明らかです。したがって、『応仁記』が記したような寝返りの事実は、完全に『応仁記』の創作だとも言いきれないような印象はあります。しかし、基本的に『応仁記』の記述は疑ってかかるべきだろうという意味で、現段階では家永・呉

座説に理があるように思います。

これに対し、桜井英治さんは、『応仁記』はもちろん軍記物なので、脚色や誇張は当然あるけれど、日野富子が寝返ったかどうかといった、彼女の評価に関係する部分の記述は、同時代の史料とけっして矛盾するものではないとして、『応仁記』のすべてを「捏造」として葬り去ろうとする研究姿勢を批判しています。

軍記物のような後世に作られた二次史料をどう扱うかという点において傾聴すべき考えだと思います。しかし繰り返しになりますが、『応仁記』の創作に何らかの作為――たとえば日野富子を「悪女」として描こうという意図を含んだ作為――が見えるのであれば、これを採用するのに留保条件を付けるのは当然のことだと思います。

そもそも、「日野富子・義尚」と義視が次期将軍の座をめぐり対立していたという前提についても、これをうのみにするわけにはいきません。義視の妻で子どもの義材《よしき》（義稙《よしたね》）を産んだのは、富子の妹の日野良子《ながこ》です。富子が何としても自分と義政の子の義尚を将軍につけたいと思ったというのは、実は現代的な感覚です。日野家の立場からすれば、まだ義尚は幼いわけですから、いったん義政の次の将軍職は義視が継ぎ、義尚が成人したら将軍職を譲ってくれれば何の問題もないですし、もっと言えば、義視の次は義尚であっても義材であっても、日野家の血筋は将軍家に残るわけで、何の問題もなかったはずなのです。実際、その義材が義尚の早世した後に十代将軍に就任する際は、富子は積極的に後押ししています。

応仁の乱は東国・関東の政治情勢と連動していたか

それと、家永説のもう一つの柱である、東国・関東の政治情勢と応仁の乱が連動していたとみる見解について触れておきます。

家永説では、関東で発生した体制の亀裂、すなわち鎌倉公方と関東管領との抗争である享徳《きょうとく》の乱が、次第に幕府中枢部を構成する畠山氏、斯波氏などの抗争を招き、ついに幕府が二つに分かれるという事態を招いたのが、応仁の乱の重要な一面であったとしています。

この説の評価は難しく、たしかにこれまでまったく別の政治的事象ととらえられていた関東と京都での出来事が、深く関係していたというのは事実だと思います、冒頭の応仁の乱概説で語ったように、足利義政の東国政策が畠山、斯波といった守護大名家への介入と一体であり、それが一族内の分裂を招いたという一面があったのは事実でしょう。

しかし、それが応仁の乱を招いた直接の原因かと言われると、それは最終的に応仁の乱が勃発したという「結果」からさかのぼる結果論のようにも思えますし、あまりに関東・京都の関係が複雑になりすぎ、両者の関係について共通の理解を形成するのは、なかなか困難だろうと推測します。

ちなみに最近、杉山一弥さんが足利義視と関東公方足利成氏が提携していたとする家永説を否定する研究を発表しました。これについても、これから慎重な検討が必要となるでしょう。

第3章

戦国

矢部健太郎

関ケ原合戦を描く『関ヶ原合戦図屛風』。右端に徳川家康の本陣が描かれている（関ケ原町蔵）

矢部健太郎（やべ・けんたろう）

1972年東京都生まれ。1995年國學院大學文学部史学科卒業、2004年同大学院文学研究科日本史学専攻博士課程後期修了、「豊臣政権の支配秩序と朝廷」で博士（歴史学）。2004年防衛大学校人文社会科学群人間文化学科専任講師、2007年國學院大學文学部史学科専任講師、2009年准教授、2016年教授。著書に『関ヶ原合戦と石田三成』（吉川弘文館）など。

新説 7

戦国大名は「上洛」を目指してはいなかった

信長以外に上洛を果たした戦国大名

戦国大名と「上洛《じょうらく》」というと、まず思い浮かぶのは織田信長の上洛です。信長は永禄《えいろく》十一年（一五六八）、室町幕府十三代将軍足利義輝《よしてる》の弟で、次期将軍候補だった足利義昭《よしあき》を推戴して上洛を果たし、義昭を十五代将軍の座に就けました。そこから、戦国大名はひとしく「天下統一」を目指し、その実現のためには上洛、すなわち京都に上ることが必須の条件であり、彼らの究極の目標であったというイメージが形成されたわけです。

しかし、実はそれ以前にも上洛を果たした戦国大名は何人もいました。大内義興《おおうちよしおき》や木沢《きざわ》長政《ながまさ》、三好長慶《みよしながよし》、斎藤義龍《さいとうよしたつ》、六角義賢《ろっかくよしかた》、上杉謙信《うえすぎけんしん》（長尾景虎《ながおかげとら》）などの名が挙がります。彼らの場合、上洛したことが天下人、つまり全国の諸大名に号令をする公権力となることにはつながっていません。彼らの多くは、ときの将軍による上洛要請を受けて、上洛した。それが戦国大名の上洛の一つのスタイルだったと思います。

戦国大名は自発的に「政権奪取」といった強い意図をもって上洛したのではなく、中央の将軍に呼ばれたから上洛したというのが、実態だったわけです。つまり、戦国大名が上洛するということは、必ずしも政権を取る、天下人になるといった大きな意味を持つ行動ではなく、もう少し軽い、ハードルの低い行動だったということです。

もちろん、京都へと向かう通行路に敵対する大名などがいれば、困難が伴う場合もあったでしょう。しかし、信長の上洛以前には上洛にそれほど大きな意味はなかったので、当然、それを阻害する障壁も少なかった。物理的に上洛を果たすのは、それほど大変なことではなかったと思われます。

実はその信長も、永禄二年（一五五九）、まだ将軍義輝の時代に最初の上洛を果たして義輝への謁見を果たしています。ちなみにこの年は、斎藤義龍、信長、上杉謙信が相次いで上洛し、義輝に謁見しています。いずれも義輝の要請を受けての上洛でした。

戦国大名と将軍との関係とは

もともと、室町幕府の支配体制では、守護大名は領国ではなく在京が原則でした。それが応仁・文明の乱を契機として、守護大名が京都を去り、全国に散らばって戦国大名化したというのが、研究者の間の共通認識です。

将軍としては、幕府を支える有力者には、目の届く範囲の近場にいてほしかったでしょうし、それが室町幕府の原則だったはずなのです。それが不可能となり、戦国大名が足利将軍から物理的にも政治的にも「目の届かない存在」になっていったのが、戦国時代だと考えるのが正しい定義だと思います。

近年、山田康弘さんの研究などによって、戦国期にはいっても室町幕府および将軍が権威として機能し続けたこと、つまり諸国の大名間の調整機能を果たすといった役割を持っており、将軍がタダの無力な存在ではなかったということが指摘されています。これまで、あまりにも将軍が無力であったということが強調されてきましたので、そうした思い込みを修正するという意味で、戦国期の将軍にも「一定程度の権力」はあったと見る意義は大きいと思います。

しかし、それはあくまでも「一定程度の権力」であり限定的な政治力だったことも事実です。実効権力や大名権力の内部——領国統治にまで介入できる指揮権のようなものを持っていたかというと、そうとは言えません。

当時の足利将軍を指して「権力はないが権威ではあった」という言い方も見かけますが、

権威ということであれば、より上位の権威である天皇もいたわけです。天皇はもっと早くに政治力を失っていましたが、最終的に淘汰されることはありませんでした。室町将軍についても、状況としてはそれと似ているのではないでしょうか。

将軍は「武家の棟梁《とうりょう》」ですから、天皇では持ちえない権威をもっていたと思います。しかし、法的な支配や、領地の安堵《あんど》といった実際の政治力については、そこまで強力で広範囲なものは認められないと思います。

将軍権力の象徴性

将軍権力を代替していたのは、たとえばある時期は細川京兆家《けいちょうけ》（宗家）であり、三好政権であったわけです。しかし彼らも、一時的に将軍権力を凌駕する力を京都周辺に及ぼしていましたが、将軍の存在そのものを否定することはありませんでした。足利義輝の暗殺についても、本来は殺害を意図していたのではなく、アクシデント的な出来事だったという見解も浸透してきています。

現代と単純な比較はできないかもしれませんが、大臣の首は次々に差し替えられるが、実際の政治は高級官僚が動かしている、という状況とも似ているかもしれません。政治の実権は、役職としては下の実務官僚が動かし、象徴的な部分は将軍家が担っていたといえるでしょう。

室町時代後期から戦国時代にかけての将軍権力は、あくまでも限定的なものだったと思います。しかし、それを完全に否定するような勢力は、織田信長が足利義昭を追放し、替わりの将軍を指定しなかった天正《てんしょう》二年（一五七四）まで現れることはなかったわけです。

将軍暗殺はアクシデントだった？

ちなみに、足利義輝を殺害したのは、松永久通《まつながひさみち》（久秀《ひさひで》の嫡男）と三好三人衆、そして彼らの主君である三好存保《まさやす》（のちの義継《よしつぐ》）です。彼らは約一万の軍勢で将軍がいる二条御所を取り囲みましたが、これは将軍邸を軍勢で取り囲んで要求を飲ませる「御所巻《ごしょまき》」という室町期特有の慣習であり、将軍を殺害するつもりはなかった。いわば現場の武士たちの偶発的な暴発で殺害にいたったという説が唱えられ、一定の支持を集めています。たしかに、約一万人もの軍勢が二条御所周辺にはいってきているのに、あまり動揺したそぶりが見えないとか、そのわずか十数日前に、三好家の当主である三好存保が将軍義輝の「義」の字を賜って改名していたことなどから見ると、将軍と三好政権との関係がそこまで悪化していたようには見えません。その意味で、この「御所巻」からのアクシデントで将軍義輝殺害に及んでしまったという説は、ある程度の説得力があると思います。

将軍のもつ地域的政治機能

室町将軍は、武家の棟梁としての権威を維持しながらも、政治的実行力は喪失していたと述べましたが、十五代将軍足利義昭が信長と対立するようになり、いわゆる「信長包囲網」を形成した時期には、ある程度の実行力・政治力は持ち得ていたと見るべきだと思います。武田信玄、上杉謙信、大坂本願寺《ほんがんじ》、浅井長政《あざいながまさ》、朝倉義景《あさくらよしかげ》、毛利輝元《もうりてるもと》といった信長の敵対勢力は、明らかに義昭の政治力によって反信長戦略に参集したわけです。

たとえていうならば、義昭は綿あめの芯となる割りばしのような存在だったといえるかもしれません。割りばし自体には何の力もないように思えますが、その周囲には自然と綿あめがまとわりつき、次第に大きくなってくる。義昭の政治力は、そのようなものだったように思います。

義昭より前の時代には、たとえば上杉謙信と武田信玄が北信濃の領有をめぐって川中島の戦いを繰り広げるといった、地域間抗争の局面において、どちらが将軍家に近いかによって正当性を主張しあうといった、将軍権威の利用局面はありました。地域紛争における、中央政府・将軍権力（権威）の利用と言ってもいいでしょう。

しかし、それはあくまでも地域に限定される局地的な政治機能であり、国政に関わるような話とは次元が違います。戦国大名領国における正当性や優位性に影響を及ぼすことはあっても、室町幕府という全国政権の立場から、なにがしかの指示を出したというような事例は、あまり思い浮かびません。

AとBという大名同士が戦ったとして、将軍が軍を派遣して加勢してくれるということはあり得ません。A、Bそれぞれと将軍との関係性が、戦いを優位に運ぶために「プラスα」として働くことはあったかもしれませんが、あくまでも「プラスα」でしかなかったとも言える。つまり、戦国大名にとって、室町将軍の権威・権力が絶対的に必要なものであったというわけではないということなのです。

偏諱の持つ政治的な意味

将軍などの貴人が、名前の一字を家臣や下位の者に与えることを偏諱《へんき》と言いますが、これも名前の上の字を与えるか下の字を与えるかで、違いがありました。足利義晴《よしはる》の「義」

と「晴」の字を授けるのであれば、「義」をもらった方が、より将軍の覚えがめでたい上位者だということになる。つまり序列がつくわけです。

ある地域で敵対する大名同士がいたとします。それぞれ幕府に献金するなどのアプローチをして偏諱を受けようとする。結果的に、「義」の字をもらった方が、「晴」をもらった方より、その地域においては優位に立つということです。

もちろん、それだけで戦に勝てるわけではなく、勝敗はおおむね軍事力と戦意の高低というリアリズムで決します。しかし、その前段階として軍勢を集めたり味方を募るなどの外交的な局面では、偏諱を受けたか否か、受けたとしても「義」か「晴」かという格差が有利・不利を分ける場合もあった。そういう意味で、将軍権威は地域における大名権力同士の抗争においては、決してバカにはできない意味を持っていたということです。

もちろん大内義隆《よしたか》と大友義鎮《おおともよししげ》（宗麟《そうりん》）のように、ともに十二代将軍の足利義晴から「義」の字の偏諱を受けた同士が争うと、どちらが優位ということもないので、面倒なことになります。間に立たされる小勢力は、どちらに正当性を感じて味方に付くか、さぞかし悩ましかったことでしょう。

将軍は不在でも構わない

足利義輝が殺害された後、次期将軍の座をめぐって足利義栄《よしひで》と足利義昭が争うという時期がありました。ともにその支持グループがいて、なんとか先に上洛を果たし、公家社会に認知されて官位を上げ、最終的には十四代目の征夷大将軍にしようと画策するわけですが、当時の畿内の政治状況に邪魔されて、なかなか実現しない。最終的には三好氏をバックにつけた義栄が出世レースに勝ち、十四代将軍となるわけですが、二年九か月近く、将軍位は空位だったことになります。

その間、京都の政治は三好三人衆や松永久秀といった三好政権が壟断《ろうだん》していたということになりますが、見方を変えれば、将軍がいなくても何とかなっていたとも言えるわけです。そこは重要なポイントだと思います。将軍はまったく無力だったわけではない。しかし将軍がいなければ国家の運営が成り立たないような、そこまでの重要性はすでになかったとも言えるわけです。

将軍の要請を受けて上洛を果たした武将は、信長以外にも存在しました。しかし、将軍の存在を重視し、将軍あるいは将軍となる人物を推戴して上洛することに大きな意義を見出していたのは、実は信長だけだったのかもしれません。室町将軍には、すでにそこまで「魅力」はなかったといえるかもしれませんし、地域紛争に将軍権威を利用したとしても、将軍を支えて国政にまで参画しようという意識を持っていた大名も、信長以外にはいなかったのかもしれません。

上洛した信長、しなかった朝倉義景

足利義昭に関しては、信長を頼る前に越前一乗谷《えちぜんいちじょうだに》の朝倉義景を頼り、その後ろ盾《だて》によって上洛を果たし、将軍に就任しようと願っていたことはよく知られています。しかし義景はついに上洛を実行せず、業を煮やした義昭は信長に乗り換えたという流れになっています。

上洛を実行した信長は果断で実行力がある人物だったが、義景は優柔不断な凡将だったという評価もされています。しかし、そもそも上洛して自ら国政に参加しようというような意識をもった戦国大名は信長しかいなかったわけですから、これをもって義景の評価を下げるのは正しくない気がします。

さらに言えば、朝倉氏は応仁の乱の頃に京都政局でも活躍しましたので、織田氏に比べると、室町幕府ともっと近い関係にあったと考えられます。幕政に通じていたともいえるでしょう。その朝倉氏からすると、足利義昭を推戴して上洛するとなると、もう一人の将軍候補である足利義栄および、その後ろ盾である三好氏と対立することになる。現行の幕府体制に異を唱えることになるということを懸念したのではないでしょうか。もし、朝倉氏が完全に義昭派として京都に乗り込めば、義栄派の三好氏らと全面戦争にもなりかねません。そうなれば、応仁の乱の再現となってしまう可能性さえあるわけです。義景が上洛をしなかった背景には、そのような懸念があったと私は推測します。

おそらく織田信長という人は、そもそも幕府政治の何たるかについて、十分な知識があったとも思えませんし、応仁の乱についても同様でしょう。だからこそ、義景が感じたかもしれない「懸念」などどこ吹く風で堂々と義昭を奉じて上洛し、素知らぬ顔で義昭を将軍の座につけたのかもしれません。

結局、上洛して室町幕府を再興する、あるいは自らが天下人となるといった行動は、ただ一人信長だけが望み、そして実現した特異な行動だったということだと思います。

新説8 豊臣秀吉は甥の秀次に切腹を命じていなかった

天下人とその養子

天正十年（一五八二）六月二日の本能寺の変で、織田信長は横死します。信長を殺害した明智光秀《あけちみつひで》を討ち果たしたのは、信長家臣団のなかでも出世頭とされる羽柴秀吉《はしばひでよし》でした。秀吉はそのわずか三年後に「藤原」姓ながら日本史上初の「武家関白」となり、信長が手掛けた天下統一事業を完成させてしまいました。

一代にして天下人となった秀吉には、累代の家臣というものがいません。弟の秀長《ひでなが》をはじめ、身内の人間を引き上げて政権の枢要を固める必要がありました。その一人が、秀吉の姉の子である豊臣秀次《ひでつぐ》です。秀次は、秀吉が信長の属将だった当時は、戦略上の要請で他家に養子として出されていましたが、信長の死後は、秀吉の次世代の親族中では最年長ということもあり、天下人の甥として重用されました。しかし、織田信雄《のぶかつ》・徳川家康連合と秀吉が戦った小牧《こまき》・長久手《ながくて》の戦いで失態を演じ、秀吉の勘気をこうむります。

その後、四国攻めや小田原攻め、奥州平定など、秀吉の天下統一事業に戦功をあげ、豊臣政権の枢要を占める地位を得ます。そして、秀吉の嫡男鶴松《つるまつ》が天正十九年（一五九一）に早世すると、秀次は叔父である秀吉の養嗣子となり、その年の暮れに関白職を秀吉から譲り受けました。

ところが文禄《ぶんろく》二年（一五九三）、秀吉の淀殿との間に拾（のちの秀頼）が誕生し、秀次の立場は微妙になってきます。

関白秀次の死をめぐる三つの事件

そして文禄四年六月末、突如として秀次に謀反の疑いがかけられます。聚楽第《じゅらくてい》にいた秀次は秀吉の隠居所である伏見への出頭を命じられ、そのまま高野山《こうやさん》に蟄居します。これが「秀次失脚事件」です。そして七月十五日、秀次は高野山青巌寺《せいがんじ》で小姓たちとともに切腹して果てます。これが「秀次切腹事件」。そして八月二日早朝、京都の三条河原で、秀次の子女、側室、侍女、乳母に至るまで、眷属《けんぞく》三十九人全員が斬首されました。「妻子斬殺事件」です。「秀次事件」とは、一か月の間に起きた、この三つの事件を総称したものなのです。

なぜ秀次は切腹をしたのか、謀反は本当だったのか、なぜ妻子すべてが殺害されるような凄惨な結末になったのか。この事件には未解明のポイントが多く、事件の経過についても情報が錯綜していて、確かな事実が見えづらくなっています。

この事件については、これまでにさまざまな研究・検討がなされてきましたが、結局、根本的な原因については、現在に至るまで解明されていませんでした。秀吉は、豊臣政権の大名支配のために、公家社会の伝統的な「家格」を活用し、自らを当主とする「豊臣摂関家」の下に、「清華成《せいがなり》」「公家成」「諸大夫成《しょだいぶ》」という階層を設け、全国の大名をその三つに振り分けたピラミッドを作り上げました。頂点に位置する「豊臣摂関家」の最大のアイデンティティは、「関白になれること」でした。

そう考えると、二代目豊臣関白の座にあった秀次に切腹を命じた（のだとすれば）秀吉の政策は、自ら作り上げた政治秩序を根底から覆す、まったくの自己否定になってしまうわけです。まだ幼い秀頼は、徐々に官位昇進する必要があり、関白になるには時間がかかります。もともと限られていた秀吉の「身内」はさらに少なくなってしまう。果たして秀吉はそんな「愚行」をするだろうか。わが子秀頼可愛さに、秀吉がそのような「暴走」をするだろうか。

そのような疑問から、私は「秀次事件」の経緯を再検討し、以下に述べるような興味深い史実を発掘しました。

秀次の「抗議の自害」だった

結論から申しますと、秀吉は秀次に切腹を命じてはいなかったというのが私の考えです。謀反の計画は存在せず、無実の罪を問われた秀次は、自ら高野山に籠居し、秀吉が許してくれないことを見て取り、命を懸けて身の潔白を証明しようと、腹を切った。秀吉によって処刑されたのではなく、秀次の「抗議の自害」であったというのが、私の結論です。

それは、事件の評価だけでなく、豊臣政権の構造についての評価にも結びつく話なのです。ただ単に、秀吉が耄碌《もうろく》して秀次を排除し、殺害したということではなく、豊臣政権が持っていた矛盾や脆弱性が、この一連の事件の真相を解明していくなかで、あぶりだされてくるわけです。

一般的には、いったんは秀次を後継ぎと考えていた秀吉が、予期せず実子秀頼をもうけることができたので、秀頼可愛さのあまり秀次を粛清したという印象で語られてきたと思います。結果から見れば、秀頼が後継ぎとなったわけですので、その通りとなったわけですが、果たしてそれは秀吉が望んでいたことなのか。あるいは秀吉の意図に反して起きたアクシデントの結果なのかは、大きな違いです。

現実問題として、文禄四年の段階でまだ秀頼は幼く、当時の乳幼児死亡率の高さを考えても、秀頼の将来を確かなものと信じるというのは、とうていできないことですし、実際にその四年前に、秀吉は鶴松を失っているわけです。そのような不安定な状況で、そう簡単に自分の血族である秀次に死を与えるということは、合理的ではありません。

秀次を殺害すれば、先述のように「豊臣摂関家」の権威を血で汚すことになり、関白の継承も困難になるのは自明なのです。秀次を殺しても、秀吉が得られるメリットは何もない。あえて言えば、秀吉の後継者は秀頼だけだという「事実」を周知させることですが、それは秀次が存命であっても、できることです。単純に、まだ二歳に過ぎない秀頼が豊臣政権の後継者だという状況自体、豊臣政権の不安定さを露呈するだけだということは重要です。

秀吉と秀次は一枚岩?

では、実際に秀吉には秀次を殺害する理由があったのか。秀吉と秀次の間には決定的な確執があったのか。

最近、ある発見がありました。文禄四年四月、すなわち秀次切腹の二か月前の段階で、大和の国主だった豊臣秀保《ひでやす》が病死し、その後釜に秀次の息子を入れるという話があったことが分かったのです。大和は畿内の重要なエリアで、かつては秀吉の弟秀長が国主だったところです。そこを秀次の息子に託すということは、この段階でもまだ秀吉と秀次は、政権運営という点では、ある意味一枚岩であったということだと思います。

もちろん、秀吉の立場からすれば、自分が存命であれば、のちのち秀次から秀頼に関白の座を委譲することは可能でしょうが、もし自分の命が潰《つい》えてしまえば、その保証はないという不安はあったかもしれません。健康面での衰えや不安が、そうした秀吉の不安を掻き立てた可能性はあると思います。

その意味では、秀次をいったん関白の座から退かせて距離を置くという意図は、秀吉にもあったのだと思います。しかし、それと秀次の命までも奪うということには、だいぶ大きな違いがあると思います。

豊臣政権における二人の関係

秀吉と秀次は、実際どのような関係だったのか。

文禄四年段階で、秀吉は朝鮮出兵のために九州に滞在していて、京都にはいませんでした。秀次は秀吉不在の京都で、天皇や公家、寺社との交渉などを任されていたわけです。すでに朝鮮出兵の前の段階で、秀吉は全国統一を完成し、旧戦国大名を支配下においていました。秀吉政権は、全国の大名を支配しながらも、一律の支配・統治ということはありせず、各地の有力大名の統治に任せるというのが基本でした。ただし、何か問題が起きればその大名を取り潰してしまうという前提でしたが。

したがって、秀次は全国の大名たちと向き合って、政策的な措置、当時の言葉で言えば「仕置き」をするという必要はあまりなかったわけです。だからこそ、秀吉は秀次に京都を任せて、朝鮮出兵に集中することができたのです。

そこまで高い政治判断を必要とするような局面への対応は、秀次には求められていませんでした。だから秀次は、文化的な活動や宗教・儀礼に関係するような活動に集中することができたのだと思います。文化人としての秀次の評価は、確かなものです。刀剣や能楽の道具についての目利きであったり、「源氏物語」などの古典文学にも素養があったようです。また、関東や奥州の仕置きを任されたときには、足利学校に立ち寄って古典籍を借り受けたりしています。

そして、京都における秀次の活動で、たとえば対朝廷政策や儀礼などの局面で、秀次になにか失点、落ち度のようなものがあった形跡は見られません。「御引直衣《おひきのうし》」と呼ばれる天皇が来ていた服を秀次は下賜《かし》されていますが、それがやや華美な気はします。少々天皇との関係が密接に過ぎるようには見えるのですが、秀次はあくまでも関白ですから、それほど不適切な行為ではありませんし、秀吉から見ても特に注意をするようなことではなかったと思います。

◆秀次は無能な武将だったのか

秀次には乱暴・暴虐な行いがあったとされ、摂政関白とかけて「殺生《せっしょう》関白」というあだ名があったという逸話があります。しかし、これは古代中国からずっと続く、妊婦の腹を裂いたとか、通行人を弓矢で射たといった、悪人のテンプレートのようなもので、とうてい事実とは思えません。

武将としての実力については、小牧・長久手での失態ばかりが取りざたされ、凡将だったかのように語られています。しかし、もともと農民出身の人物が、それほど戦上手なわけはありません。いうなれば秀吉だけが「異常」だったのです。秀次もそれ以降の戦ではそれなりに役割をこなしていて、とくに失策と言えるようなことはありません。

そもそも、小牧・長久手の戦いは、秀次にとっては事実上の初陣のようなもので、通説ではまだ十七歳だったと言われています。私は秀次の生年がもう四年ほど早いと考えているのですが、それでも二十一歳。そんな経験不足の若者に、万を超える軍勢を率いて徳川勢の背後を衝くという大役を任せたのは、端的に言って秀吉の人選ミスと言うべきではないでしょうか。逆にいえば、それだけあの戦いは秀吉にとって薄氷を踏む思いの厳しい戦だったということかもしれませんが。

いずれにせよ、秀次は文化人として一流であり、武人としても必ずしも凡将とは言えない人物であり、秀吉から命を奪われるような失策をしたわけでもないことは、動かしがたい事実だと思います。もっと言えば、秀次は宮中の儀礼や公武関係のしきたりについても、もともとなんの知識も経験もなかったはずです。おそらくどこかで、そうしたことを学ぶ機会があったのでしょう。叔父の秀吉や秀長に比べれば、まだ学ぶ時間はあったでしょうから。それにしても、有職故実《ゆうそくこじつ》や儀礼について一から学び、それをそつなくこなしたということは、その方面での資質はあったということだと思いますし、それなりに地道な努力をして学んだのでしょう。

史料が語る矛盾

話は戻りますが、そんな秀次が文禄四年七月十五日に高野山で切腹したのは事実です。そのことを詳しく記しているのが、小瀬甫庵《おぜほあん》の『太閤記《たいこうき》』です。切腹命令を下したという形跡は、文書の形で残っていました。そこには、石田三成《いしだみつなり》らの奉行たちが、秀吉の切腹命令を秀次につたえ、切腹に追い込んだと明確に記されています。さらに、伊達《だて》家文書などにも「こんど秀次に不届きなことがあったので、お腹を召された」といったことが書かれています。だから、誰もが秀吉の命令で秀次が切腹したということを信じて疑わなかったわけです。

ところが、そこには大きな問題がありました。ひとつは切腹命令を記した文書が、後世の偽物だったということです。私はその文書が江戸時代初期の創作であることを見出しました。その切腹命令の日付では、秀次の実際の切腹には間に合わないという事実が明らかになったからです。

実はその前日の日付の文書がありまして、存在自体は以前から知られていたのですが、内容はあまり吟味されてこなかった文書なのです。そこには、秀次に対し「高野山に住むように」という秀吉の命令が記してあります。その文書の日付ならば、秀次の切腹に間に合います。つまり、生前の秀次が最後に見た秀吉の文書には、「高野山に住むように」という命令が書かれていたわけです。

どこにも「死ね」とは書いてありません。同時に、いつまで高野山に住めとも書かれていない。つまり許されたわけでもないわけです。無期の禁固刑とも読み取れる内容なのです。これを読んだ秀次は、おそらく怒りや絶望がないまぜになって興奮状態になったことでしょう。そして、自らの潔白を証明するために、切腹してしまったわけです。

なぜ秀次妻子を公開処刑したのか

秀次切腹の知らせが届くと、秀吉は諸大名たちに「秀次が謀反を企んだので腹を切った。しかしもう京都は落ち着いたので、心配するな」といった通達を出しています。それは、秀次切腹が想定外の出来事で、政権が動揺しているということを隠そうとした後付けの処置だと思います。秀次の切腹が、秀吉の意図したところではないアクシデントだったとするならば、十分に成り立つ解釈だと思います。

その後、すでに触れたように秀次の妻子は斬首とされますが、これも従来は、秀次に切腹させただけでは秀吉の怒りは収まらず、ついに妻子まで殺すという凄惨な結果となったと説明されてきました。しかし、斬首は秀次切腹から半月以上も経ってからのことで、怒りにまかせての処置というのは、いささか不自然です。

もし秀次は秀吉の命令で切腹したのではなく、謀反の疑いをかけられた結果、自らの無実を証明するために抗議の自害をしたという「事実」が公表されるとどうなるか。見方を変えれば、秀吉が自分の養子に無実の罪を着せて死に追いやってしまったことが、世間に知れ渡ってしまうことになります。それは、関白政権の権威を著しく傷つけることになってしまうわけです。

ではどうするか。秀吉は秀次が謀反を企んだので厳罰、すなわち切腹に処したと後から説明をします。そして、その話に説得力をもたせるために、いかに秀次が悪人であったかというストーリーを作らなければならないので、そのための舞台として三条河原に秀次の妻子が引き出され、公開処刑が行われたわけです。

秀次の死と、妻子の死

秀次の切腹は、高野山の奥の、ほとんどだれも見ていないような環境で行われました。

一方、秀次妻子の処刑がなされた三条河原は、現代の東京でいえば銀座の目抜き通りのようなところです。何万人もの人が目にするような環境で処刑されたわけです。そのギャップがいかにも不自然です。もし秀次が謀反を企んだなら、一番の罪人は秀次のはずですが、まるで妻子の罪の方がはるかに重かったかのようにアンバランスな処置であり、その理由は説明がつきません。

そう考えると、やはり秀次の切腹は秀吉の意図に反したアクシデントであったと考える方が、はるかに合理的に説明できるのです。もし秀次が高野山で籠居するという処分を受け入れていれば、妻子は命を奪われることはなかったでしょう。出家して寺に預けられ、余生を送ることができたと思います。

秀次が秀吉の命令に背いたために、事態は秀吉を含む誰もが想定していなかった方向に動き出したのです。

秀次事件の持つ意味

これまで、年老いて衰えた秀吉が引き起こした愚策とみなされていた、秀次にまつわる三つの事件は、実は秀次が身の潔白を証明しようとして行った「抗議の自害」が引き起こした事件であることが判明しました。

この不測の事態が招いた事件が、豊臣政権末期のターニングポイントとなったことは間違いありません。それは秀吉個人の暴走といった簡単な言葉では説明できない事態だったのです。秀吉政権とは何だったのか。どのような性格や特徴をもち、どのような問題をかかえていたのか、そして、なぜ滅亡したのか。こういった古くて新しい問題を検討する上で、秀次切腹の真相を知ることは、けっして回り道ではないと、私は考えています。

新説 9 関ヶ原合戦は豊臣政権の内紛だった

関ヶ原合戦は天下分け目の戦いだったのか

関ヶ原《せきがはら》合戦については、歴史書だけでなく、小説や映像作品などでも数えきれないほど、たくさん描かれてきました。しかし、そうした物語の大半は、実は同時代に書かれた一次史料ではなく、軍記物など後世の二次的な史料を中心に作られたストーリーなのです。豊臣秀吉の死後、石田三成が敵対する七人の大名に襲撃された「七将襲撃事件」がありましたが、こうした事件の真相を含め、広い意味での関ヶ原合戦とその周辺状況が、専門の研究者の研究対象となってきたのは、実は近年のことです。

一つの画期となったのは、笠谷和比古さんの一連の研究で、その後、信頼のおける史料の記述を基本に置いた研究が進みつつあります。その結果、関ヶ原合戦が日本史上の特筆すべき画期であったとするイメージは、大きく修正をされることになってきました。

もちろん、関ヶ原合戦をめぐるさまざまなエピソードについても「それは史実ではない」という修正が多々なされつつあります。上杉攻めに出陣した家康が三成らの挙兵を知り、家康に従ってきた豊臣恩顧の大名たちと対応を協議したとされる「小山評定《おやまひょうじょう》」についても、実は事実ではなかったという説があります。

関ヶ原合戦当日、東軍への内応を約束していた小早川秀秋《こばやかわひであき》がなかなか寝返りを実行しないので、業を煮やした家康が、秀秋が布陣する松尾山に鉄砲を撃ちかけた「問い鉄砲」も事実ではないなど、さまざまな「発見」がなされています。

最近では、東西両軍が陣を敷いた場所が、通説とは大きく異なるという説も出てきています。しかし、ここでは関ヶ原合戦の持つ本質的な意味について、政治史的な視点から見直し、新説といえる見方をご紹介したいと思います。

「徳川史観」で描かれた栄光の歴史

最近、「徳川史観」という言葉をよく聞くようになりました。徳川家を顕彰し、その歴史を正当化する目的で歴史を描くことを指しています。江戸時代になると、幕府の正当性を強調する意味で、家康の行動を正当化し荘厳《しょうごん》する歴史がたくさん描かれるようになります。それは「徳川史観」による潤色を受けた歴史像であり、そのまま史実と受け取るのは非常に危険な例が少なくありません。

こうした「徳川史観」のベールを剥いで、隠された史実を明らかにしようという動きが、歴史学界ではみられるようになってきました。

われわれが知っている関ヶ原合戦のイメージも、どうもこの「徳川史観」によって脚色され、あるいは改変されているのではないか。そう考える流れが近年の研究動向といえるでしょう。そして、これまであまり語られることのなかった敗者の側、すなわち石田三成らの思惑や実像についても、ここ十年くらいの間にようやく研究が進んできました。

それまで関ヶ原合戦と言えば、江戸幕府を開いた徳川家康の「栄光の記録」として語られてきたわけです。徳川が豊臣との戦いに勝利した、と。しかし、笠谷さんの研究以降、この戦いの本質は豊臣政権内部での勢力争いであったということ、そして家康が征夷大将軍となって幕府を開くというのは、この戦いとはまた別の次元の話であるということが、すでに定説化しています。

豊臣滅亡史としての関ケ原

では、私の関ヶ原研究の特徴、あるいは眼目はどこにあるか。これからご紹介したいと思います。

これまで関ヶ原合戦は、「徳川幕府成立史」の一部として語られてきました。慶長《けいちょう》三年(一五九八)の秀吉の死からはじまり、家康が関ヶ原合戦に勝利して幕府を開くというストーリーなわけです。しかし、私は豊臣政権期を専門とする研究者ですので、いわば「豊臣滅亡史」の一環として、関ヶ原合戦を捉えようとしました。つまり、豊臣政権の構造を分析し、そのどこに矛盾があり崩壊に至ったかを考えたわけです。それをまとめたのが『関ヶ原合戦と石田三成』(「敗者の日本史 12」吉川弘文館)となります。本書では、豊臣政権論の分析によって関ケ原の戦いの本質を描き出す、ということを試みました。

こうした観点から改めて関ケ原合戦を見直してみると、関ケ原の前も、そして後も、豊臣政権は変わらず存在し続け、その頂点に位置するのが秀吉の遺児秀頼であるという事実も、何ら変わっていないことに気づきます。

関ヶ原の前段階、秀吉死後の政治情勢についても、これまで大きな誤解がありました。秀吉は、その遺言で家康を含む五大老、具体的には家康、前田利家《まえだとしいえ》、毛利輝元、上杉景勝、宇喜多秀家《うきたひでいえ》に豊臣政権の運営をゆだねたかのように語られてきましたが、これは事実ではありません。彼ら五人はあくまでも、秀吉の後継者で豊臣政権の頂点に位置する秀頼を補佐する政治参与のような位置づけで、実際の政権運営は、秀吉が信頼を置いた石田三成や増田長盛《ましたながもり》といった直臣の奉行人層に任されていたのです。

ところが徐々に、家康があたかも政権の首班であるかのようにふるまい出します。これに対し反発した三成らと、家康を慕う人たちとが衝突した。それが関ヶ原合戦の本質だと思います。つまり、「天下分け目」と言われる関ヶ原合戦とは、豊臣政権のAチーム対Bチームの戦いであったと見るべきなのです。

◆秀吉死後の家康

関ヶ原合戦は、家康が勝つべくして勝ち、三成は負けるべくして負けたという印象が非常に強いと思います。小説やテレビドラマなどでも、大半がそうした解釈に立脚しているのではないでしょうか。家康が上杉討伐に出かけたのも、畿内を留守にすることでわざと隙を作り、三成らの挙兵を誘ったというわけです。しかし、当時の家康が置かれていた状況を冷静に分析すると、家康は一刻も早く本拠である江戸に帰りたかったはずなのです。秀吉の死の前から、基本的に家康は何年も京都にとどめおかれました。秀吉の死後、家康は伏見城にいて政務をとり、大坂城には豊臣秀頼と前田利家がいたとされています。しかし、あくまでも政権の中心は大坂で、家康はそこから隔離されたと考えるべきなのです。

しかも、畿内には徳川の兵はほとんどいません。まわりは豊臣恩顧の大名ばかりです。家康としてはすぐにでも江戸に帰り、所領の内政を見たり、家中の態勢を整えたいと思っていたはずです。上杉討伐は、豊臣政権の名においてなされた軍事動員であり、家康がその総大将となったわけですが、実のところ、家康は江戸に帰還するよい口実ができたと考えていたのではないでしょうか。それでも、東へ向かう東海道は、そのほとんどが豊臣恩顧の大名の領地ですから、家康はかなり「冷や冷や」しながら江戸に下ったのだと思います。

反徳川勢力の結集

一方の三成ですが、「七将襲撃事件」の責任を取り、本拠の佐和山城に逼塞することになります。しかし、三成はここ数年、大坂で政務に追われたり、朝鮮出兵の後始末で全国を飛び回っていたので、家康と同じく本拠に帰ることができませんでした。佐和山で隠居状態となったことで、領国統治にも力を割けますし、盟友の大谷刑部《おおたにぎょうぶ》（吉継《よしつぐ》）や、反徳川で共同歩調をとる真田昌幸《さなだまさゆき》らとの連絡も取りやすくなったと思います。

そしていよいよ、石田方というか、正確に言えば反徳川の豊臣軍が兵を挙げ、伏見城を攻め立てます。このときの総大将は宇喜多秀家と小早川秀秋。ともに朝鮮出兵の際の総大将です。その二人が出張ったわけですから、毛利や石田が前戦に出てくる必要などありません。そして、この二人が大将となって兵を出したことで、おそらく京都あたりでは、すでに家康が「賊軍」になったというイメージが語られていたことでしょう。

そして、三成らは家康の「罪状」を並べ立てた「内府《だいふ》違いの条々」を出して、完全に家康が反乱軍であり、自分たちが豊臣政権の正規軍であると位置づけることに成功します。もちろん家康からすれば、彼らが反乱軍ということになるのですが。

家康が当時、発給した文書を見てみると、どうも当初は、反乱を起こしたのは石田と大谷くらいだと思っていたようなのです。奉行の長束正家《なつかまさいえ》や増田長盛とは連絡をとれていたので油断していた部分もあったのでしょう。しかし、その数日後には、大坂方がこぞって自分に反乱を起こしたという事実が明らかになります。ちょうど小山評定が開かれたとされる時期ですから、家康はおそらく上杉征伐に出陣した諸将を離反させないため、この事実を隠したのだと思います。

揺らぐ家康の正当性

さらに、五大老の一人である毛利輝元も大坂方として大坂城に入ります。これも家康にとっては想定外のことでした。豊臣政権期、秀吉に臣従を誓った大名たちは、公家の序列である「官位制」にならった「武家官位制」という秩序に組み込まれました。五大老と呼ばれる大名たちは、五摂家に準じる清華家に相当する「清華成」と呼ばれる家格となっていました。この清華成大名のうち、前田利家の後継者である利長《としなが》は家康暗殺を企てたかどで金沢に逼塞し、それ以外の三人、すなわち毛利輝元、宇喜多秀家、上杉景勝がみな反家康で一致していたのですから、単に軍勢の多い少ないではなく、戦いに臨む正当性の点で、家康は危機的状況に追い込まれていたのです。

反家康勢力の限界と見込み違い

この段階までは、家康よりもむしろ石田方が、やや余裕があったかもしれません。家康はかなり焦っていたからこそ、百二十通以上もの手紙を各地の大名に送って情報戦を仕掛けたわけです。もし勝利した暁には所領を保証するという約束もしたでしょうし、大坂方が有利であるという状況を隠蔽し、自軍が優勢であるかのように見せたりもしました。

やがて、福島正則《ふくしままさのり》や池田輝政《いけだてるまさ》といった豊臣恩顧の実戦部隊が、家康が率いる「豊臣正規軍」として岐阜城を瞬く間に攻め落とし、形勢が大きく変わります。大坂城には毛利輝元が入りましたが、城内の意思を決定することは難しかったようです。豊臣秀頼が、明確に石田三成ら大坂方を豊臣正規軍と認める態度をとり、さらには自らも大坂城を出て出馬していたら、豊臣恩顧の大名はおそらく弓を向けられず、徳川方が敗れていたかもしれません。しかし、輝元や秀家は秀頼を動かすことはできませんでした。正確に言えば、秀頼の生母であり、事実上、大坂城の主人であった淀殿を説得することはできませんでした。もちろん、それは三成であっても無理だったでしょう。

おそらく、大坂方は東西の決戦がこれほど早くおとずれるとは思っていなかったのでしょう。大津城や田辺城攻めに兵を割いていたこともあり、決戦が近いという意識が希薄だったようです。もしかすると、応仁の乱のように、全国を巻き込み長く続く内乱になると予想していたのかもしれません。

わずか半日で終わった実際の戦い

いずれにせよ、両軍は関ヶ原の地で決戦におよび、わずか半日で勝負は決します。東西合わせて二十万弱の大軍が戦ったとされていますが、実際には毛利勢や島津勢のように様子見をしていた勢力もいますので、本当に戦闘に参加した兵の数は、もっと少ないでしょう。軍勢の数だけ見れば、実は秀吉の小田原城攻めではもっと大軍を動員しています。つまり、この戦いで天下の形勢が一気に決すると、当事者を含む当時の人々が本当に認識していたかどうか。それはかなり怪しいと私は思います。

冒頭で述べたように、関ヶ原合戦で天下の行方が決したとするのは、「徳川史観」による脚色である気配が濃厚です。事実だけを見るならば、家康が征夷大将軍となったのはその三年後ですし、豊臣家が滅んで徳川政権が「唯一」の全国的武家政権＝公儀として君臨するのは、慶長二十年（一六一五）以降のことなのです。

もちろん、家康本人が自らの「創業神話」を彩るハイライトとして関ヶ原を位置付けていたのは確かです。それを、おそらく幕府はさまざまな機会を通じて「徳川家康が関ヶ原合戦で石田三成らを倒して征夷大将軍となり幕府を開いた」という物語に練り上げていったのでしょう。我々が関ヶ原合戦を「天下分け目」の戦いと認識しているのは、そのバイアスの影響を受けた結果なのです。

◆なぜ「清華成」大名は処刑されなかったのか

ここでもう一度考えなければならないのは、この時代は、すでに戦国時代ではなく、秀頼政権によって形づくられた一定の秩序の中にあったということです。戦国時代であれば、自分の領土を増やすために戦を行い、勝てば基本的には相手の命を奪い、その領地を手に入れることができました。

しかし、関白となった秀吉は、「惣無事」をキーワードに、大名たちの私戦を禁止し始めます。これ以降、大名が勝手に戦争をし、相手の領地を奪うことを禁じ、もしその命令に違反すれば、公権力による「討伐」の対象としました。

これにより、大名たちが各々の実力で土地も権利も「切り取り次第」という時代はすでに終わっていたことになります。

秀吉の死後、その秩序はいったん崩れて戦国時代に逆戻りしたような局面もありましたが、基本的には先に触れた武家官位制による序列や秩序の意識が失われることはなかったと考えられます。だからこそ、敗れた大坂方の石田三成や安国寺恵瓊《あんこくじえけい》らは切腹を命じられますが、「清華成」大名として突出した格式をもつ毛利輝元や宇喜多秀家は、命を救われたのです。高貴な家柄とされる清華家の人物を処刑するということは、何百年も行われてこなかった禁忌だからです。そして、家康は幕府を開くにあたり、この序列・秩序を引き継ぐかたちで幕府の支配体制を整備しました。

関ヶ原以後の家康の達成

以上見てきたように、関ヶ原合戦とは、家康が石田三成らに勝って天下を取ったという単純なトピックではなく、その本質も、「実力勝負の世界で、どちらか勝った方が天下を取る」といったものではありませんでした。秀吉が作り上げた武家官位秩序がある程度効力を持っている状況下で、豊臣政権を構成する大名間の争いがあり、徳川方と反徳川方の主導権争いが高じて、戦いに及んだのだとみなすべきだと思います。

結果として、家康がその後の大坂の陣をへて独裁政権を作り上げたのは事実です。これはむしろ、関ヶ原合戦以後、戦後処理を巧みに差配し、新たな政治秩序を作り上げた、家康の卓抜した政治力の賜物だと、私は考えています。

第4章

江戸　高尾善希

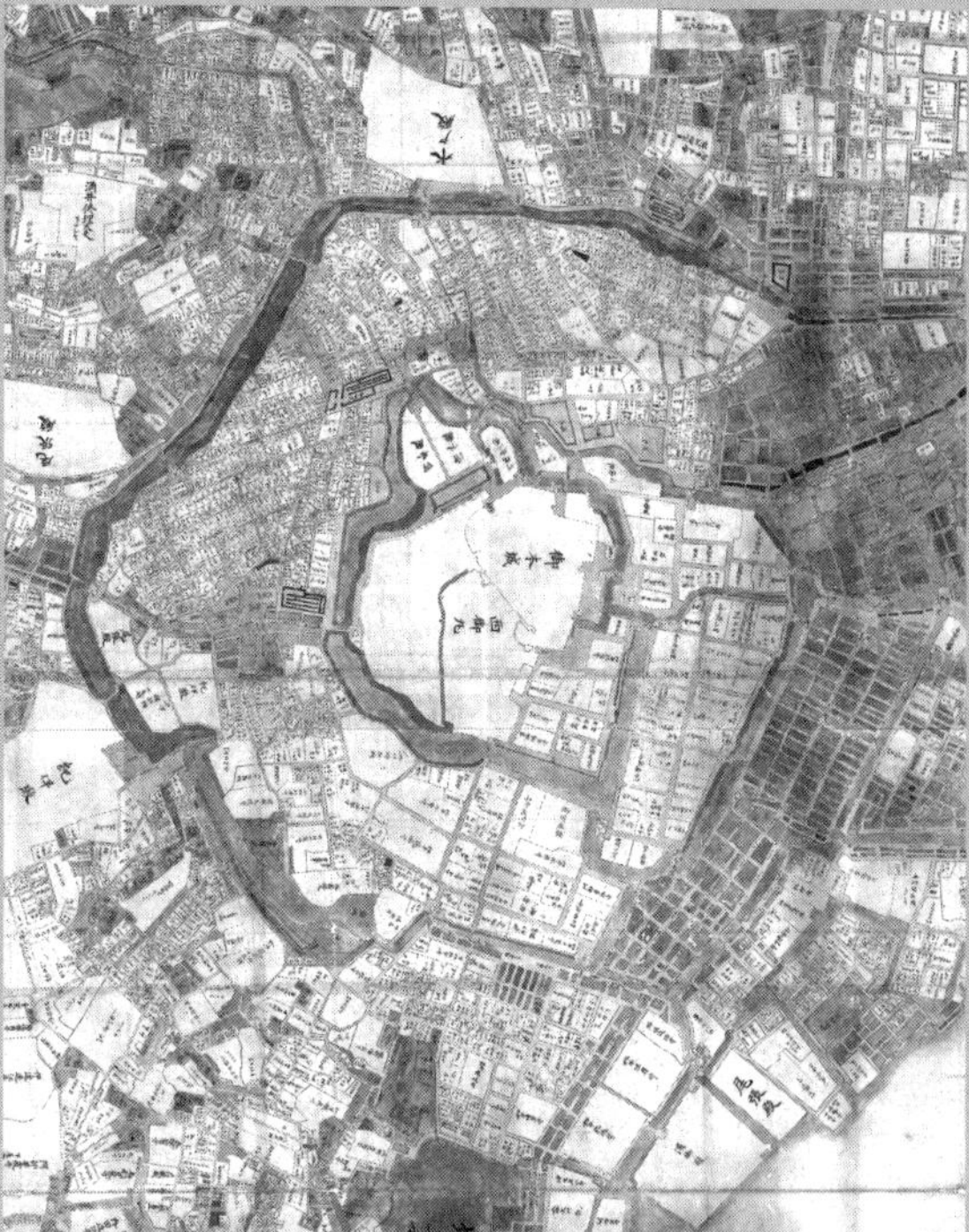

都市として完成された江戸を描いた『江戸図』（国立国会図書館蔵）

高尾善希（たかお・よしき）

1974年千葉県生まれ。立正大学大学院文学研究科史学専攻博士後期課程研究指導修了満期退学。竹内誠（前江戸東京博物館館長）に師事。武蔵野市立武蔵野ふるさと歴史館学芸員（嘱託）、東京都公文書館専門員（非常勤）など経て三重大学准教授。著書に『忍者の末裔　江戸城に勤めた伊賀者たち』（KADOKAWA）など。

新説 10 「御江戸」と「大江戸」は別物だった!?

「江戸」と聞いて想像する姿とは?

「江戸」と聞くと、映画やテレビドラマなどで描かれるような一定のイメージが思い浮かぶことと思います。これらは、およそ江戸時代後期の江戸の姿だと思われます。

ひとくちに江戸時代といっても、二百六十年間という長い期間があります。都市・江戸にも紆余曲折の歴史がありますから、江戸時代の前期と後期では風景もまったく違うのです。

たとえば『江戸名所図屏風』という作品は、江戸時代前期の代表的な絵画資料としてよく知られています。江戸の町の猥雑《わいざつ》な日常風景が活写されていて、なかには牢人者や傾奇《かぶき》者《もの》の姿、喧嘩の様子、湯女《ゆな》の姿など、さまざまな風俗が描かれています。

そのなかに、三階櫓と呼ばれるものが日本橋の角地に立っています。角屋敷とも呼ばれますね。日本橋といえば町人地なのですが、町人といっても江戸時代前期は武士の系譜を引いている有力な町人がたくさんいて、武士の格式を保とうとしているためか、町の中に櫓を立ててしまうのですね。これは身分制の観点からみると興味深いものですが、後年になると消えていきます。

そうして身分制度が整えられるにつれて、私たちがよく目にするような江戸の町に進化していくわけです。いわゆる「江戸の町」といって違和感なく受け入れられる史料といえば、近年になって発見された作者不詳の絵巻『熈代勝覧《きだいしょうらん》』だと思われます。

江戸時代前期だと、髪型や服装も安土桃山時代とそう変わらないのですが、江戸時代後期になると、時代劇などでよく見るような、現代人のイメージに近いものになっていきます。街並みの様子も同じですね。『熈代勝覧』は文化の大火事の少し前、文化二年（一八〇五）ごろを描写したものですから、おおむね文化文政期を描いているといってよいでしょう。

このように、二百六十年間の風景や風俗の異なりというのは、小説やドラマではとうてい再現できないほどの違いがあるのです。

このよう長い都市江戸の歴史を、どのように整理して考えればよいのでしょうか。今回は、「御江戸」と「大江戸」という語に着目して考えてみましょう。

膨張していく江戸

まず、都市江戸の形成ですが、徳川家康入府当時、江戸は草深い田舎であったと史料には書いてあります。しかし最近、そのイメージにも疑問が呈せられていて、中世にも江戸はそれなりに栄えていたのではないかという見解も出されています。ただ、やはり小田原や鎌倉といった場所にくらべれば、さほど大きな都市ではなかったであろうということは間違いないと思います。

そして家康が入って、江戸城を居城とすることによって、だんだんと外側へ外側へと普請《ふしん》しながら城が整備されていく。これは「惣構《そうがま》え」といって、外円状にお堀を通して城下町ごと囲うように整備していったということです。とくに日比谷は、当時は入り江でしたから、神田の山を崩して埋め立てる大工事を敢行しています。やがて家康は、町人を住まわせるための土地を造成していきました。

吉原《よしわら》という地名がありますが、もともとは葦《あし》が生えていた原っぱという意味ですね。湿地帯ゆえに住みにくい地域だったところを、だんだんと整備していったわけです。

都市江戸の歴史では、「スプロール」という言葉がよく使われるのですが、これは都市域が無計画に広がっていくことをいいます。江戸の町も、次第に外側へと広がっていって都市が構成されて、いまの東京につながっていくわけです。このあたりは大石学さんの『首都江戸の誕生』（角川選書）などに詳しく書かれてあります。

まず江戸城周辺が整備されて、明暦《めいれき》の大火を経て本所の開発が行われる。やがて隅田川の向こう側まで開発が進み、江戸時代の後期にもなると東西南北に都市圏が広がっていきました。

江戸の人口については、慶長《けいちょう》十四年（一六〇九）に上総《かずさ》国（千葉県中部）に漂着したロドリゴ・デ・ビベロというイスパニア人が『日本見聞録』という記録を残していまして、そこには江戸の人口が十五万人と記されています。

そして元禄（一六八八～一七〇四）のころ、筑紫《ちくし》園《えん》右衛《え》門《もん》という浪人が「馬が人間の言葉をしゃべる」という流言によって処刑されるのですが、噂の出どころを調べるという名目で町方人口を逐一調べていまして、そのときがおよそ三十五万人でした。江戸の町自体の開発は止まることなく、労働人口がどんどん流入しています。そのため、このころの江戸は男性の比率が非常に高かったようです。

そして江戸時代中期、享保《きょうほう》年間（一七一六～三六）ごろになると、町方人口が五十万人になったといわれています。武家人口が五十万人ほどだったとすると、そのころには百万都市になっていたであろうと考えられます。

「政治の中心」と「経済・文化の中心」

こうした江戸の長い歴史を、現在の私たちはどのようにイメージすればいいのか。都市江戸の見方をふたつの要素に分解しながら、江戸の町の発展の「画期」というものを追ってみたいと思います。

ひとつは「日本の中心」、つまり「政治の中心地」というものです。これはいわゆる「ミヤコ」、現代風にいうと首都と表現される概念ですね。

政治の中心ですから、必然的に人も多く集まります。そうすると、今度は「経済・文化の中心地」となっていきます。これがふたつ目です。

このふたつの要素が、いつ定着したのかということを考えることによって、江戸の発展のふたつの「画期」を考えてみようというわけです。

政治の中心地、つまりミヤコというのは、定義が少し難しい。江戸時代にも天皇がいて、官位や名目的な官職も天皇が命じていますし、元号も定めています。その天皇が住まう御所も京都にあるわけですから、京都が政治的中心地、首都ではないかという見方も当然成り立つわけです。

このあいまいな定義が、幕末の政争にもつながってきます。攘夷《じょうい》をするにしても上方でやるのか江戸でやるのか、そういうことで揉めたのが幕末でした。だからこそ新選組《しんせんぐみ》は上方での攘夷を選び、元々は同じ浪士組で江戸に帰ったグループ（のちの新徴組《しんちょうぐみ》）と袂を分かち、京都で活躍するのです。

ただ、実質的な権力をもっていたのはあきらかに征夷大将軍ですから、江戸が政治的中心地であるという見方が有力視されていたのは間違いありません。

三浦浄心《みうらじょうしん》という江戸初期の文筆家が書いた『慶長見聞集《けんもん》』という随筆のなかに「天下を守護し将軍国王ましますところ、などか都といはざらん」という表現があります。すでにそのころには江戸がミヤコであるという認識があったということでしょう。

一方で、江戸が経済的・文化的中心地になっていった時代が文化・文政期（一八〇四～三〇）です。そのころになると江戸独自の文化が発展してくるのです。

その意味でも、元禄《げんろく》文化というのはあきらかに上方の文化ですね。松尾芭蕉《まつおばしょう》や近松門左衛門《ちかまつもんざえもん》や井原西鶴《いはらさいかく》といった人々は上方の人ですから。それが江戸時代後期になると、たとえば錦絵（浮世絵）も東錦絵《あずま》などといって、よく参勤交代の武士や庶民が江戸に来たときの土産物にしたといいます。そういったものが江戸で大量生産されて、全国的な規模に広がって文化的な価値をもつようになるわけです。『熈代勝覧』は、そういう時代のものでした。

江戸という「地名」に敬称をつける意味

そこで、江戸を表現する言葉である「御江戸」と「大江戸」の違いに注目してみます。まず「御江戸」という言葉は、先に述べた「日本の中心」、政治的中心地である首都やミヤコを象徴する言葉です。これは近世日本文化史の泰斗である西山松之助さんの見解です。

一方の「大江戸」という言葉は、経済的・文化的中心地になった時代を象徴する言葉となります。こちらは西山さんの弟子筋にあたる近世史学者竹内誠さんの見解です。このあたりの概念の整理を上手になされているのが西山さんです。

西山さんはその著書のなかで「地名に「御」や「大」という言葉をつけること自体が大変珍しい」「世界中の都市のなかで、そういった言葉を頭につけて呼ぶのは江戸のほかなかろう」などと書かれています。一方で「お伊勢参り」という言葉がありますが、これは伊勢神宮の敬称であり、「御熊野」という場合の「御」は文学的な美称であろうとされています。

国号に大という字をつける場合というのは、たとえば大日本帝国、大英帝国などがありますが、これは国号ですので地名とは別義と考えます。

私の調べたところでは、川柳に「御の字の　ついたところは　江戸ばかり」というものがあります。江戸時代の人々は「御」がついているのは江戸だけ、という共通認識を持っていたのではないか、と私は考えています。世界中の地図を広げて探してみれば、もちろん敬称のついた地名はあると思いますが、江戸時代当時の人々の認識のなかでは江戸だけだったということです。

西山さんは『江戸っ子』という著書のなかで、十七世紀にはこの「御江戸」という言葉は普及しなかったと書かれています。しかし、私がみたところでは寛文八年（一六六八）の和歌「見渡せば　柳原やけ桜田や　お江戸の春のこじきなりけり」とあるように、十七世紀中に使われている事例はいくつかあります。

また西山さんの発想としては、御江戸の「御」は、御用とか御林とか御普請と同じように将軍への敬称である、ということのようです。百姓の持っている林だと普通の林ですが、公儀（幕府）が管理している林だと御林といいます。普請も公儀のお金がわずかでも入っていると御普請といいます。それと同じだというわけです。

◆将軍宣下による首都意識の芽生え

徳川家康が駿府（静岡市）で死去したのが元和《げんな》二年（一六一六）です。それまでは江戸に二代将軍秀忠がいて、駿府に大御所の家康がいるという二頭政治でした。その後家康の死去により、政治的中心地が江戸に集中してきます。やがて、重臣の子弟などを人質として江戸に置く参勤交代の制度を明文化した「武家諸法度《ぶけしょはっと》」が寛永《かんえい》十二年（一六三五）に制定されます。

そして、はじめて江戸在府のままで四代将軍家綱への将軍宣下《せんげ》が行われたのが慶安《けいあん》四年（一六五一）のことでした。それまでは初代家康も二代秀忠も三代家光も、京都に上洛して将軍宣下を受けていたのですが、それが四代将軍家綱になってはじめて江戸在府のまま将軍宣下を受けたのです。

これは、家綱が幼少だったため上洛できなかった、という点は考慮しなければなりません。しかしこれを前例として、将軍になるべき人物が江戸に在府したまま、京都から勅使《ちょくし》が下向して将軍宣下を受けるようになったのは事実です。

ともかくも、こういった政治的な経緯があって、十七世紀の半ばごろには江戸＝ミヤコの意識、すなわち「御江戸」意識が芽生えてきて、その後「御江戸」という言葉の用例が定着していったのではないかと考えられます。

「大江戸」定着の三つの要因

このように、江戸が日本の中心＝ミヤコになって「御江戸」となり、その概念と重なるように経済的・文化的中心地ともなった時代、それが江戸時代後期、十八世紀の後半から十九世紀の初頭のことです。これが「大江戸」という言葉で表現されるわけです。

竹内誠さんによると、「大江戸」の初見は寛政《かんせい》元年（一七八九）の山東京伝《さんとうきょうでん》の著書『通《つう》気粋語伝《ぎすいごでん》』である、とされています。ゆえに、おおむね十八世紀後半には「大江戸」の表現が定着していたのではないかとの見解を示されています。ゆえに江戸時代の初期には、どれだけがんばって探しても大江戸という言葉は出てこないはずです、と断言されています。

ただ、『国文学　解釈と鑑賞』（至文堂）という論文集のなかに、山東京伝以前の事例が紹介されました。そこには「明和《めいわ》八年（一七七一）には成稿していたといわれる建部綾足《たけべあやたり》の『本朝水滸伝』第十九条に「大江戸」という言葉が出てきます」とあります。ただ、いずれにしてもさほど変わらないですね。一七七一年と一七八九年ですから。

竹内さんは、「大江戸」という言葉が定着した要因として三つの変化をあげられています。

ひとつは十八世紀以降に人の住む地が地理的にますます拡大し、文字通り空間的に江戸から大江戸になったこと。

二つめは十八世紀後半に大消費都市として江戸経済がいっそう伸長し、江戸に進出している上方資本に対抗できるような江戸資本が形成されたこと。

三つめは、それまで上方文化に圧倒されていた江戸文化が十八世紀後半になって上方文化に追いつき追い越して、江戸町人文化を開花させたこと。この三つの要因から、概念としての「大江戸」が誕生した、というわけです。

◆時代を経て変遷する江戸っ子の「自意識」

まとめるならば、まず十七世紀の中頃になって、江戸が政治的中心地＝ミヤコになる要件がそろったということ、そして十八世紀の後半から十九世紀のはじめに江戸が経済的・文化的中心地になりはじめたこと。このふたつの時期に、それぞれ「御江戸」と「大江戸」という言葉が定着しました。

これは単なる言葉の違いというだけではなく、政治的なミヤコという内容に込められたものが「御江戸」であり、さらに時代が下って都市の拡大を背景とした江戸資本の確立や江戸文化の拡大、そういった内容に込められたものが「大江戸」である。この両者には明確な違いがある、ということです。

これらはまったくの無関係ではなくて、それぞれが都市江戸の発展の歴史を示すふたつのメルクマール（指標）と考えればいいのではないか、というのが私の考えです。

新説11 江戸時代の「士農工商」は身分ではない

教科書から「士農工商」が消えた？

中世と近世（すなわち江戸時代）の社会を比較すると、よく言われるように中世はまだ階級が流動的で、その意味で「自由」があった。つまり、農民出身の木下藤吉郎が、武士となり、大名となり、最後には関白にまで上り詰めるということが、現実にありました。

一方、江戸時代は身分が固定化され、異なる階級での人の行き来、つまり身分移動は、原則としてなかったと説明されてきました。そして、江戸時代におけるこうした固定化した身分秩序を、「士農工商」と表現してきたわけです。

たとえば二〇〇六年に刊行された代表的な高校の日本史教科書である『詳説 日本史B』（山川出版社）を見ると、次のような記述がみられます。


近世社会は、身分の秩序を基礎に成り立っていた。武士は政治や軍事を独占し、苗《みょう》字《じ》・帯刀《たいとう》のほかさまざまの特権を持つ支配身分で、将軍を頂点に大名・旗本・御家人などで構成され、主人への忠誠《ちゅうせい》や上下の別がきびしく強制された。天皇家や公家、上層の僧侶・神職らも武士と並ぶ支配身分である。被支配身分としては、農業を中心に林業・漁業に従事する百姓、手工業者である職人、商業を営む商人を中心とする都市の家持町人の三つがおもなものとされた。こうした身分制度を士農工商とよぶこともある。

それが、同じ『詳説 日本史』の二〇二〇年版になると、「士農工商」の語が消えるという、若干の変化が見られます。

こうした変化は、どこに由来するのでしょうか。

「身分」ではなく「職」

「士農工商」という言葉は、実は室町時代の僧侶で、浄土真宗の中興の祖と言われる蓮如《れんにょ》の文章の中に出てきます。正確には「士」は「侍」という字を使っているのですが、言葉としては十五世紀には存在したわけです。武士・町人・百姓という区分がありますが、これはまちがいなく身分を指し示す言葉だといえます、しかし、「士農工商」は、どうも職や職能の違いを示す言葉のようです。

では、「身分」と「職」とはどう違うのか。作家の藤沢周平が描く海坂藩（架空）の藩士を見ておりますと、身分は武士（藩士）だけれど、畑で農作業をしたり、家族総出で職人的な内職をしている武士がよく登場します。これは武士の現実を忠実に投影した設定で、身分としては武士だけれど、収入の多くは農業に頼る農業従事者であったり、あるいは房《ふさ》楊枝《ようじ》や工芸品を作ったりする職人であるという武士が少なくなかったのです。

身分と職が違うということは、こういった事例を想像していただくと、分かりやすいと思います。

「身分」と「居住」と「役」の関係

身分というのは、生まれ育った「門地《もんち》」、その人が所属する「門地」によって、経済的・社会的・政治的な位置が決められていることです。現代では、皇室などの一部例外を除いて基本的には身分は存在しません。

では身分は何によって分けられるのか。これは難しく言うと、国家の奉仕の在り方によって、身分は編制されるといえます。奉仕の在り方とは、端的にいえば税金などの「負担すべき務め」、あるいは「義務」の様態です。そして身分は、どこに住むかという居住の問題とも密接にかかわっています。ある身分の人たちは、その身分に相応しい特定の場所に居住するわけです。

武士は城下町に住み「軍役」という役を勤めます。禄という固定収入を得る代わりに、戦になれば戦い、戦に備えて城下町に住むという義務も果たすわけです。百姓は村に住み年貢役（百姓役）を納めます。そして町人も城下町に住み町人役（国役）を納めるわけです。つまり、身分というものは「居住」の形態、果たすべき「役」の対応関係にあるわけで、それによって身分が決まるわけです。

こうした身分のありようは、近世を通じて形づくられた兵農分離、そして城下町の成立と深くかかわっています。戦国時代までの武士は村に住み、領内を経営していました。つまり村の領主だったわけです。それがサラリーマン化し、城下町に集められるようになります。これが城下町の成立です。そして、村に住んでいる武士と百姓が切り離されました。

武士が土地から切り離され、都市生活者になる。そしてその都市生活を助けるために町人も住みはじめる。それが、近世のはじめの頃の、城下町成立のスタンダードな姿です。

こうした「兵農分離」や「城下町の成立」は、身分制度の問題と密接にかかわってくるわけです。

御家人株の売買とは

この身分とは、個人の問題ではなく家単位で決められています。これは非常に重要なポイントです。実子ではなくても、養子に入れば家を継ぐことができます。家単位で身分が確定するので、家を継ぐ長男の身分は確定していますが、次男、三男は、身分はその家の身分のままですが、「厄介」と呼ばれる立場として過ごすことになります。家を継いで当主になることはできませんので、独立した経済を営むことも、妻や子どもをもつことも、原則的にはできません。ただし、他家の養子に入れば、その家と身分を継ぐことができるわけです。

江戸時代の身分の話というと、よく御家人株というのが話題となります。幕府のケースですが、御家人株を買うというのは、資金を出して養子となる権利を買うということを意味していて、実質、身分を買うことができたわけです。養子に入るときは、持参金を持ってくるのが普通の在り方です。おそらくそれが変化をして、御家人株という制度になったと思われます。それができたのは、あくまでも幕府の御家人の場合だけで、旗本株というものは存在しません。

江戸時代中期以降、この御家人株の売買が盛んになることで、事実上、身分は一部、流動的になるのですが、あくまでも「養子になる権利」を買っているのであって、身分そのものを買っているわけではないので、身分制度の建て前は崩れてはいないのです。

武士身分の体面と義務

身分は、すでに触れたように「武士」と「町人」と「百姓」に分けられます。それぞれ具体的に見てみましょう。

武士は、城下町に集住するわけですが、それが単に居住するということではなく、主君に何かあったとき、すぐ駆け付けられるように「詰める」、つまり待機するという意味合いを持っています。何かあったとき、というのは予測不可能な事態です。それに備えて待機する。だから、もし主君からお召しがかかり、その使者が訪ねてきたとき、当人が家にいないということは、非常にマズイことなのです。場合によってはきついお咎《とが》めを受けるわけです。病気の治療で湯治《とうじ》に行こうなどと思っても、上司の許可を得なければ勝手な外出もご法度なのです。

また、それともかかわってきますが、武士は武士らしくすることによって、はじめて武士であるという常識があります。つまり、武士の体面を傷つけるようなこと、外聞の良くないことをすると、これも厳しい咎めを受けます。たとえば吉原の遊女と武家の主人が心中したとか、川で泳いでいて溺れ死んだとか、武士にあるまじき振舞いをした場合、最悪の場合、家名断絶に処断されることもあったのです。

城下町に住んでいると、当然、町人など武士以外の身分の人間とも交わりを持ちます。武士は身分制度上、一番上に位置するということですので、他の身分の人たちにみっともない姿、武士らしくない姿を見せることも厳しく禁じられていました。極端な話、江戸の大名藩邸の長屋から、三味線の音が漏れて外に聞こえてしまうとか、物干し竿が丸見えになってしまうといったことも、武士らしくないということで禁じられていました。武士は、日々の生活のなかでも緊張関係を強要されていたわけです。けっして現代人が思うほど、「楽」なものではなかったと思います

◆町人の負担する義務とは

これに対して、町人と百姓の間には上下の差はありません。町人は城下町に住みます。それによって都市が機能し、先に触れたように、もともとは村にいた武士が都市生活者として生活することができたわけです。先ほど、町人は町人役（国役）を払ったと言いましたが、これは非常に安いものでした。そのため、ときおり「冥加金《みょうがきん》」という臨時の資金供出を求められました。たとえば江戸城の堀を浚《さら》うなどの大きな工事、菱垣廻船《ひがきかいせん》を復興する

ときなどに、冥加金が賦課《ふか》されました。

その菱垣廻船復興のために三橋会所《さんきょうかいしょ》という組織が結成され、それに合わせて三橋会所冥加金の賦課命令が出ました。その命令書には、「武士は軍役を負担し、百姓は年貢を支払っているが、それに比べて商人は……」という内容が見えます。だから冥加金を払えという論理なのです。これは儒教思想の影響を多分に受けた「貴穀賤金《きこくせんきん》思想」とも言えますが、あくまでも言説であって、実質が伴ったわけではなかったようで、町人と百姓に身分差はありませんでした。

商工業に従事する百姓と農間渡世

江戸時代の人々のなかで、最も数が多いのが百姓です。ほとんどが百姓だといってもいいくらいです。以前は、百姓というと農民というイメージで語られてきましたが、中世史研究の網野善彦さんが「百姓=農民ではない」と主張し続けたこともあり、現在では、百姓と農民を同一視することは少なくなりました。

もともと日本では、古代にも「百姓《ひゃくせい》」という言葉がありまして、これは「一般の民衆」を指す言葉なのです。江戸時代には「身分呼称」となりまして、村で年貢役を支払う人々のことを百姓と呼ぶようになります。つまり、農民とイコールではないわけです。とはいえ、「百姓は農業をすべきである」という考え方は、日本の支配層のなかにはありました。実態は、農業だけでなく商業や工業に従事する者も含んでいました。現在では、「百姓」は農家の蔑称《べっしょう》と考えられていて、新聞などでは使えない言葉です。もちろんこれは、江戸時代の身分呼称としての「百姓」とは別の言葉です。

たとえば、私が以前に調査をした、武蔵国入間郡の赤尾村(現在の埼玉県坂戸市赤尾)というところでは、身分としては百姓に分類されている村民のかなりの数が、「農間渡世《のうまとせい》」と称して酒造業や養蚕《ようさん》業、タバコ栽培・売買、野鍛冶《のかじ》など、実に多種多様な商工業に携わっていることが分かります。天保十四年(一八四三)の段階で、赤尾村には百五十軒の百姓があり、そのうち農間渡世をしているのが三十六軒、二十四%に上ることが分かっています。

身分制度の「例外」

こうした身分階層にも、例外はありました。城下町に移り住まずに、村に居続けた武士もいました。その一例が、藤堂藩の伊賀者《いがもの》です。彼らは武士なのですが、村に居続けました（伊賀上野の城下町に「忍町」という町があり、彼らの屋敷がありました。町にも村にも屋敷があったのです）。現在でも、下級武士の屋敷とは思えない規模で、土塁や堀などの中世城館の名残りを止めた屋敷が残っています。村に住む武士は、一般には「郷士《ごうし》」や「無足人《むそくにん》」などと呼ばれます。

江戸の大名の屋敷のなかでも、大名がポケットマネーで土地を買って造った「抱屋敷《かかえ》」は、年貢を納めるべき村にありましたから、武士であるはずの大名が年貢を払うという、非常に特異な場所でした。これも身分制度上の例外中の例外でしょう。

もう一つ、幕府に仕える碁打《ごうち》・将棋指なども、町人でありながら、苗字帯刀を許され、拝領屋敷もあり、将軍に御目見《おめみえ》ができ、禄《ろく》が給付されていたという特異な存在です。近代になると、平民籍に編入されています。本来、禄とは武士が軍役に対して給付されるものですが、彼らの場合、芸能に対して禄が与えられていたと考えるべきだと思います。

このように江戸時代の身分にも例外はあったことは押さえておく必要があると思います。いずれにせよ、「士農工商」という、かつては江戸時代の身分制度を指すと考えられていた言葉の意味が修正され、身分制度自体の概念も、史料に基づいて見直される傾向にあります。

第5章

幕末　町田明広

ペリー来航時の黒船を描く「黒船之図」（谷文晁筆。国立国会図書館蔵）

町田明広（まちだ・あきひろ）

1962年長野県生まれ。上智大学文学部ドイツ文学科、慶應義塾大学文学部史学科卒業。佛教大学大学院文学研究科修士課程・同博士後期課程修了。2009年、「文久期中央政局における薩摩藩の動向」で博士（文学）（佛教大学）の学位を取得。神田外語大学専任講師、2013年准教授となり、同日本研究所副所長を務める。著書に『新説坂本龍馬』（集英社インターナショナル新書）など。

新説12 薩長同盟は軍事同盟ではなかった⁉

「島津久光の意向」という重大事

薩長《さっちょう》同盟とは、慶応《けいおう》二年（一八六六）に京都の薩摩藩家老・小松帯刀《こまつたてわき》邸で締結された、薩摩藩と長州藩の「軍事同盟」のこととされています。この「軍事同盟」という部分に疑義がある、というのが今回の趣旨となります。

まず、なぜ同じ史料を参照しているにもかかわらず、研究者によって薩長同盟が軍事同盟なのか非軍事同盟なのか、というように解釈がまったく違うのか、という根本的な問題があります。薩長同盟の内容は六箇条しかないにもかかわらず、なぜここまで解釈が違うのか、と。ここは読者のみなさんにとっても不思議なところだと思います。

これは、当時の政治状況の分析をどの程度できているか、現代的にいうと「総合的」「俯瞰《ふかん》的」に見られているかどうか。そこがかなり重要な点だと考えています。

もうひとつは、当時の薩摩藩のなかのヒエラルキー、または政治的な動向の理解の仕方です。言い換えるなら、島津久光《しまづひさみつ》という存在の重みをどう考えるか、となります。薩長同盟を軍事同盟と唱える方というのは「あれは久光の意向を無視している、その意向に沿っていない」と言っているわけです。つまり、久光がその同盟自体を知らない、知っていてもいわゆる軍事同盟だとは考えていない、この点では非軍事同盟を唱える方とも一致しているのです。

では、久光の意向を超えた軍事同盟だとすると、なぜそれが可能であったのか、という疑問が生じます。小松帯刀・西郷隆盛《さいごうたかもり》・大久保利通《おおくぼとしみち》といった面々が、言ってしまえば久光を「だまして」これを結んだ、という形に帰結させようとしているといえます。そのあたりも、当時の状況をトータルで見ると同時に、薩摩藩内部の意思決定のプロセス、あるいはヒエラルキーを含めた政治的な動向というか動態、そのあたりの理解が違っているのではないかと思えます。

「歴史を変えた」という思い込み？

慶応二年に薩長同盟が締結された段階では、薩摩藩の京都藩邸には小松帯刀、桂久武《かつらひさたけ》、島津伊勢《いせ》という三家老がいて、その下に西郷や大久保などもいますから、そうなると彼ら全員が久光を裏切っていることになる。そんなことははたして可能なのかどうか。そのあとの政治動向を追うと、小松たちが久光の意思を超えて動いているとはとても思えないのです。だからここは、やはり久光の意向に沿っているという前提でこの問題を考える必要があります。その前提部分の認識が違っている可能性があるがゆえに、軍事同盟なのか非軍事同盟なのかという認識もおのずとずれが生じていくという側面があるのではないかと思います。

もう少し踏み込むと、軍事同盟であるとおっしゃっている方々というのは、薩長藩閥史観、または司馬史観と言いましょうか、結果的に薩摩と長州が維新を成し遂げたということから両者の関係を重く見たいという、旧来的な認識が強いように思えます。薩長同盟ももともとは、明治十年ごろに木戸孝允が「薩長盟約」という言葉を使ったところからクローズアップされるようになり、それ以降この「薩長同盟」が薩長間の融和の起点という共通認識になった、という経緯があります。起点というのはある意味間違いではないのですが、軍事同盟という認識、あるいはこの同盟によって先の歴史が決まったと言いきってしまうのは行き過ぎではないか、と思えるのです。

歴史を知っている後世のわたしたちは、当時の政治的な状況や薩摩藩内部の動静などをきちんとおさえたうえで、そうして明治以降に形成された言説を乗り越えなければならない。現代的な視点からさかのぼって見るのではなく、同時代の皮膚感覚で実態を見ていかなければいけない。そうしないと見えてこない部分があるのではないかと考えます。

久光の超側近・奈良原繁という存在

後世から見るという点でいうと、同年の一月十八日に木戸を囲んで薩摩藩の要人が会合をひらいているのですが、そこに奈良原繁《ならはらしげる》という存在がありました。奈良原は久光の超側近なので、その奈良原から久光に情報が伝わるとまずい。だから一月十八日のときには具体的な話をしていないのだ、奈良原の前でそういう話をするはずがないとおっしゃる方がいます。これも後世の我々だからわかっていることです。

奈良原繁は、その後の大政奉還や王政復古クーデター後の薩摩の動向に非常に批判的であった人物です。武力衝突を避けたいという意思が強かったために、明治以降は冷や飯を食わされたひとりで、高崎正風《たかさきまさかぜ》などと同じく大久保・西郷路線とは合わなかった人です。明治政府の性急で進歩的なあり方に批判的だった久光の側近、という後付けの理由があって、だから奈良原の前では具体的なことは話さなかったはずだ、となる。これもやはり後世の人間の不見識であって、やってはいけないことだと思います。慶応三年の奈良原をもって慶応二年の奈良原を語ってはいけないと思うのです。人というのは、それぞれの置かれた境遇によって主義主張が変わることが多々あります。慶応二年の一月という段階は、まだ全体的に抗幕的な視点しかなくて、倒幕というレベルではありません。後世から見て、このときはこうだという決めつけをするのはいかがなものかと思うのです。

◆六箇条の内容とは？

ではこの薩長同盟とされているもの、小松と木戸が交わした覚書《おぼえがき》とはいったい何だったのか。軍事同盟ではないとしたら何なのか。

この事績を示す史料というのは、以下の六箇条として知られています。

1　戦と相成候時《あいなりそうろうとき》は、直様《すぐさま》二千余之兵を急速差登し、只今在京之兵と合し、浪華へも千程は差置、京・坂両処を相固め候事

2　戦自然も我勝利と相成候気鋒有之候とき、其節　朝廷へ申上、屹度《きっと》尽力之次第有之《これあり》候との事

3　万一戦負色に有之候とも、一年や半年に決て潰滅致し候と申事は無之事に付、其間には必尽力之次第屹度有之候との事

4　是なりにて幕兵東帰せしときは、屹度　朝廷へ申上、直様冤罪は従　朝廷御免に相成候都合に、屹度尽力との事

5　兵士をも上国之上、橋・会・桑等も如只今次第にて、勿体《もったい》なくも　朝廷を擁し奉り、正義を抗み、周旋《しゅうせん》尽力之道を相遮《さえぎ》り候ときは、終《つい》に及決戦候外は無之との事

6　冤罪も御免之上は、双方誠心以相合し、皇国之御為に砕身尽力仕《つかまつり》候《そうろう》事は不及申、いづれ之道にしても、今日より双方皇国之御為　皇威相暉き、御回復に立至り候を目途に誠心を尽し、屹度尽力可仕との事

逆に言えば、薩長同盟を示す史料というのはこれしかないわけですが、これを木戸は「盟約」と表現しました。現在よく使われる同盟とか連合などという言葉は、非常に現代的な用語です。現在だと同盟というのは公式な文書があることが前提となります。

これが書かれたのは木戸の書簡であり、坂本龍馬が裏書したものですが、当時としてもこれは異様かつ異常なものです。これをもって、ふたつの国家と言ってもいい藩同士が結

びついたと考えるのは、かなり危険だと言わざるを得ません。形態からいっても、これは「覚書」程度のものと理解すべきだろうと思います。

あくまでも「長州藩主復権の周旋」が本質

このとき幕府は、大坂城に徳川家茂《いえもち》がいて京都に一橋慶喜《ひとつばしよしのぶ》がいて、老中が両者を行ったり来たりしながら長州処分を検討しているところです。一応薩摩藩は、処分の決定を飲めと長州に伝えているわけですが、木戸はそれを突っぱねている。つまり幕府の処分を受け入れない、と表明しています。そこで薩摩藩は幕長戦争、いわゆる第二次長州征伐が起こることも視野に入れて動きます。長州藩主親子の復権を朝廷に周旋するということです。そのことを約束したもの、それがこの六箇条の本質だと思います。

幕朝戦争が起こったとしても、薩摩藩は局外中立を守って幕府側に立たない。それを言外に示しているのがこの六箇条ということです。薩摩が長州藩主親子の復権と官位復旧のために力を貸しますよ、というわけです。

薩摩から見ると、あくまでも復権に向けた周旋活動をして差し上げる、ということですが、長州はこれを額面以上に受け取っていた可能性もあります。薩摩と長州では、受け取り方がおそらく相当違うと思うのです。薩摩にとっては、たいしたことのない既定路線であっても、長州にとっては、これによって薩摩は最低でも中立、場合によっては我々に加担してくれそうだ、ということになる。さらに復権に向けた努力もしてくれるし、薩摩は裏切らない、安心できるのではないか、という裏付けになります。少なくとも薩摩と戦わなくてもいい、というのは長州にとって非常に大きかったでしょう。

この薩摩の方針は、久光であれば容易に事後承認するであろうレベルのものです。薩摩としても、同じ九州であっても福岡藩などはパートナーとして考慮することが難しい。抗幕体制を続けていくにあたっては、やはりどうしても長州藩は良きパートナーとして必要なわけです。

そういう意味でも、この程度のことであれば久光は了解してくれるだろう、既定路線から逸脱することはないので認めてくれるだろう、という前提でこの覚書ができたと私は考えています。

争点となる第五条の内容

ここでポイントとなるのは第五条です。これが常に論争されているところで、橋・会・

桑というのは、一橋・会津・桑名のいわゆる「一会桑《いちかいそう》」ですね。その周旋尽力の道をさえぎったときには、ついに決戦におよぶ、とあります。これをもって「軍事同盟である」という裏付けとしているわけです。「決戦に及ぶ」と書いてあるではないか、と。

このあとの第六条というのは、どこか抽象的で、日本全体、つまり「皇国之御為」に一生懸命に尽くすのだ、というような至極ぼんやりしたことが書いてあります。こういうやりとりのなかには、この第六条のようなお決まりの形、うまくいったときにはこんなことをしましょうね、というような漠然としたものがよく入ってくるものです。

だから私は、実質的な取り決めは第一条から第四条までであって、この第五条というのもいわゆる仮定・仮想の話で、さらに言えば薩摩のリップサービスなのではないか、と思うのです。長州にとっては仮定の話であっても「薩摩がここまで言ってくれている」という意味で大きな後ろ盾になるのではないか、というわけです。

なぜこれがリップサービスと考えられるのか。まずこの「兵士をも上国之上」の「兵士」が何を指しているのかという点が重要です。この点については、これまでにもいろいろな説がありました。平成二十九年（二〇一七）年に坂本龍馬が寺田屋に残した史料が鳥取で見つかって、この「兵士」というのが長州藩の兵士であることがわかりました。となるとこれは、長州の藩士が上方にのぼって、一会桑とうまくいかない場合は薩摩も加わって決戦におよぼうか、という内容となります。しかし、長州藩の兵士が上方に行くという率兵上京《そっぺいじょうきょう》、これ自体がまず想定されていない。長州はあくまでも幕府軍を迎え撃つのであって、そもそも出戦という戦略は立てていないのです。

この後の幕朝戦争で、幕府軍が「負けた」ことになるわけですが、見方によれば「幕府が長州を攻め滅ぼせなかった」だけ、ともいえます。関ケ原のような場所で両軍が激突して長州が勝った、というレベルではないわけです。

長州藩、薩摩藩それぞれの内部事情

それと長州は、仮に出たくても出られなかったのです。これにはふたつの要素があって、ひとつは大村益次郎《おおむらますじろう》による軍制改革がまだ途中であったということ。もうひとつは藩内の混乱です。この段階では、第一次長州征伐や高杉晋作《たかすぎしんさく》の功山寺挙兵から続く混乱をまだひきずっていて、ようやく木戸体制にいけるかどうか、という段階です。

当時の長州藩領では、戦争が続いていることもあり、農民が徴兵や物資徴発によって大きなしわ寄せを食っている状況です。つまり長州藩の庶民たちは一揆《いっき》寸前の状態になっている。そんなときに武士たちが上方に大挙したら、藩内で蜂の巣をつくような騒ぎになってもおかしくはない。つまり藩内の事情を考えると、長期間外征するというのは現実的ではないわけです。「兵士をも上国之上」というのは、可能性としてかなり低いというか、現実的に難しかったでしょう。

薩摩にしてみれば、長州が大挙してやってくるなどということはありえない話であって、そういうリップサービスをして後ろ盾になったところで、実際には何も起こらないだろうと踏んだことでしょう。つまりこの第五条というのは、あくまでも現実的なものではなく、理想を謳《うた》う第六条とさして大差のないものであろうと考えられるのです。

最近私が「なるほど」と思ったことがあります。近年になって見つかった新たな史料のなかに、龍馬が木戸から聞いたというメモがあります。木戸が六箇条を書いて送る前の段階のもので、そこには一会桑と「決戦」ではなく「周旋」となっています。つまり木戸は、六箇条を書き起こすときに「周旋」という言葉を「決戦」に変えているのです。

そもそも長州には一会桑と必ずしも「決戦」する意識はなくて、もし仮に長州藩兵が国を出て上洛して、そこに一会桑が立ちはだかったら、薩摩が一会桑と話をつけてやるよ、というレベルだったのではないかと。それを木戸が少し色をつけて「決戦」にしたのではないか、というわけです。龍馬がその手紙を西郷や小松に見せたとき、彼らは「木戸さん、よくここまでやるね」と大笑いしたのではないでしょうか。

薩摩の側から考えてみると、この段階の薩摩は、長州藩を味方にして抗幕体制をとっていこうという意思を示しているわけで、幕府からは下心があると大変疑われている状況です。そんなときに、無理をしてまで長州と組む必要がないのです。軍事同盟だと主張する人たちでさえも、久光はそこまでやるつもりがないと言っている人がほとんどだと思います。

また、すでに幕府の弱体化は誰の目にも明らかとなって久しく、家茂が長州征伐のために上方にやってきて、すでに何もせずに半年以上が経過しているような状況です。幕府としても拳を振り上げてはみたけれど、長州が折れてさえくれれば軍事的な衝突などするつもりはない。薩摩にとっても、幕朝戦争が起きたこと自体が意外なことで、本気で軍事発動するとは思えないわけです。

幕府には疑われている、その幕府にももう戦争を起こす力はない。薩摩はリアリスティックに情勢分析をしながら政治運営しているところがありますから、いきり立っている長州とそんな状況のなかで軍事同盟を結ぶなどという馬鹿なことはしないと思います。

もうひとりのキーマン・黒田清隆

それまでの薩摩には、長州とのつながりは支藩の岩国藩を通したルートしかありませんでした。岩国の吉川経幹《きっかわつねまさ》とはパイプがあって、第一次長州征伐を丸く収めたのもその吉川と西郷の連携、そこに尾張の徳川慶勝《よしかつ》が便乗したという経緯があります。長州本藩とのつながりがないなかで、龍馬などを使って情報収集を進めて、将来の連携に向けた動きを徐々に進めていたということです。

そのなかで、黒田清隆《くろだきよたか》という人物が積極的に動き始めます。彼については、私は薩摩を脱藩して行動していたと考えています。黒田が鹿児島から、あるいは京都の小松や西郷から指示を得ていた、という確証はどこにもありません。その後の動きからみても、黒田が勝手にやったことではないかと思えるのです。

ただ、そうして黒田が勝手に進めていた背景として、西郷が本来したかった積極的な抗幕体制の構築はとてもできない状況がありました。西郷は久光の意向どおり、幕府が崩れるまでここは待つべきだ、という方針を守っている。幕府から疑われていますし、何かを仕掛けるまでもなく幕府は勝手に転ぶだろうから、ここは様子見だという方針に従う態度を見せている。しかし、一方で西郷が黒田など、いわゆる西郷に近い人たちに送った手紙には、いくさもなくて退屈だ、長州ももう少し過激になってくれるかと思ったら案外おとなしくしているので拍子抜けだ、みたいなことを吐露しているわけです。

おそらく、西郷のそういうあり方や真意を忖度《そんたく》した黒田が「西郷さんは、本当はこういう意向だろう」と考えて、彼なりの発想力や突破力で木戸を連れてきたのではないかと。そのあと黒田は、ちょっとやりすぎたかなと困っています。黒田が中津川宿の国学者たちに会ったとき、そういう西郷の意向とか、軍事同盟的な内容といったことを、先走って口にしてしまっています。それを中津川の人たちが書き残していて、それを引いて「やはり軍事同盟だ」と言う研究者の方もいます。

私としては、黒田には、やはりおっちょこちょいで思い込みで突っ走るところがあったのではないかと思うのです。長州の人間も、黒田のやっていることは本当に薩摩藩の意向なのかわからない、実は黒田は脱藩同様の身の上ではないか、と疑っています。

黒田が木戸を連れてきたときの、薩摩藩大坂藩邸の慌てぶりは特筆すべきだと思います。黒田がやってきた日に、同じく薩摩藩士の黒田清綱《きよつな》が午前中に出した手紙と午後に出した手紙が残されているのですが、この両者で内容がまったく違うのです。午前中に出した手紙では、木戸たちが来るなど夢にも思っていない。それが午後になって突然、黒田が木戸を連れてきてびっくりした、と書いているのです。もし藩として正式に黒田を派遣していたのであれば、あんな慌て方はしません。その手紙にははっきりと「黒田（清隆）が勝手にやった」と書いているわけではないのですが、状況証拠からみて、黒田が突出してやったことであろうと私は考えています。

この件は、拙著の『薩長同盟論――幕末史の再構築』などでかなり詳しく書いています。

「人的交流開始のきっかけ」という認識

とはいえ、これをきっかけに長州藩のトップに上ろうとしている木戸と、薩摩藩の島津久光の意向を受けて政治を行っている小松帯刀、このふたりが出会って、お互いに連携していこうと決めたことに相違はありません。それまでは坂本龍馬が薩摩藩の意向を踏まえた唯一の存在として長州入りしていたわけですが、このあとすぐに村田新八《むらたしんぱち》と川村純義《かわむらすみよし》が出向きますし、桐野利秋《きりのとしあき》や篠原国幹《しのはらくにもと》といった面々もやがて長州藩を訪れるという状況になっていきます。これを機に長州本藩と薩摩藩が結びついて、人的交流がはじまったということです。

そうした流れのなかで、木戸も同年十一月に薩摩に行って、翌年には事実上の軍事同盟が結ばれていくわけです。この薩長の「軍事同盟」も定義が難しいのですが、薩長芸、つまり芸州藩も加わった出兵計画です。これがまさに軍事同盟であったと考えています。

それが確固たるものになったのは、島津忠義《ただよし》（茂久《もちひさ》）が京都に行くときに長州に寄って、藩主親子と会談をしたときです。当初は長州藩も品川弥二郎や山県有朋を薩摩藩邸に潜ませたりしていますので、そうした人的交流からはじまって、薩摩が長州をうまく助けながら軍事同盟へと進めていったのであろうと思います。

つまり、一連の流れは小松・木戸の覚書からスタートして、薩摩藩と長州本藩の具体的な接近がはじまっていった、という流れですね。薩長同盟といわれていた点が帰結点であり、これによって軍事同盟が締結されて、ここから薩摩と長州が倒幕に向かっていくのだ、といわれてきましたが、そうではなくて、むしろここはスタート地点・出発点だと思うのです。仲良くなるためには、人と人が交流しなければ始まらないのですから。そうした交流のなかでユニオン号（桜島丸）事件が解決され、翌年の薩長芸の出兵協定につながっていくのだろうと思います。

あえてまとめるとするなら、「小松・木戸覚書」と「薩長同盟」が同じレベルで考えられていたのが問題だったのだと思います。薩摩と長州にとって、それぞれの重みがまったく違うという前提に立って、当時の政治状況を振り返る必要があります。

◆坂本龍馬は薩摩藩士だった⁉

歴史というのは、どうしても勝った側がつくっていくものなので、より劇的に解釈したいという思いは誰しもあると思います。あとは、やはり龍馬伝説。坂本龍馬が西郷や木戸を叱りとばして事を成し遂げたという、伝説、あるいはフィクションなども加わって、薩長同盟といわれているものがより大きくなっていったという側面はあると思います。薩摩と長州だけでなく、土佐の龍馬まで巻き込んで、全体的に話が大きくなってしまって、取り返しのつかないところまで話ができあがっている。だからこれは、歴史家としてもなかなか手を出しにくい部分なのです。龍馬の暗殺もそうです。だから薩長同盟も、後世に商業ベースで大きく扱われやすくなっているがために、少し大げさにとらえられているのだと思います。

ちなみに坂本龍馬は、このときは薩摩藩士だったのだと思います。例の六箇条は龍馬が裏書を書いたことによって、長州で正式なものとして認められました。この事実をみても、龍馬は薩摩藩士として動いていたと考えたほうが自然です。今後もこの時期の薩摩藩の分限帳《ぶげんちょう》などが見つかることもないでしょうから、状況証拠のみになってしまいますが。

令和二年（二〇二〇）JR鹿児島中央駅前に建つ「若き薩摩の群像」に、「薩摩スチューデント（薩摩藩がイギリスに派遣した留学生）」の大石団蔵の像が追加されて話題となりました。この大石はもと土佐藩士・高見弥市《たかみやいち》の別名です。子孫のところに辞令が残っていて、彼は間違いなく薩摩藩に転籍していたことがわかるのです。薩摩藩お抱えの通訳・堀孝之もそうです。

ただ、そういったものが坂本龍馬や、龍馬とともに行動した近藤長次郎について見つかるとは思えないので、今後も実証されることはないでしょう。見つかるとすればとっくに見つかっているはずですから。しかし状況証拠やそうした前例からいって、龍馬と近藤は薩摩藩士として抱えられたと思って間違いないと思います。

新説13 日米修好通商条約は不平等ではなかった⁉

見落とされがちな過渡期の条約

基本的な前提として、日米和親条約が締結されて日米修好通商条約へと続く流れがあるのですが、両者の間にある下田条約（日米約定《やくじょう》）は意外に見落とされがちです。

さらに通商条約の先には、改税約書《かいぜいやくしょ》（江戸協約）というものがあります。これらは、一連の流れで理解しなければならないでしょう。それぞれが別個のものということではなく、順を追って改正されているからです。

たとえば明治憲法（大日本帝国憲法）と現在の日本国憲法は、内容はまったく違うものですが、同じ国家が制定したものですから連続性があります。明治憲法を改正していまの日本国憲法になったのです。

つまり、日米和親条約が改正されて下田条約に、それが改正されて日米修好通商条約に、さらに改正されて改税約書になったという流れがあり、ここまでが江戸時代のことです。

そしてその改税約書が、明治政府に引き継がれていく。その改税約書こそが、いわゆる不平等条約として広く知られている、ということになります。

こうした流れのなかで、それぞれがどういう形で変わっていったのかということは、まず大雑把にでも押さえておく必要があると思います。

「開国」とは何を指すのか

最初に、米国のマシュー・ペリー提督が和親と通商を求めてきて日米和親条約が締結されました。ここでいう「通商」というのが、私は「開国」と同義であると位置付けています。

当時、東アジア全体が海禁政策を敷いていたなかで、日本はその一形態であり、さらに厳しい政策、つまり鎖国政策をとっていました。日本の鎖国政策というのは、日本人は外国に行ってはいけない、外国船は追い払う、キリスト教は徹底的に弾圧する、というのが基本路線でした。

そのなかで、外国船を追い払うことを「攘夷《じょうい》」といいました。当初はキリスト教を抑えるためと考えられていたものが、国学や後期水戸学などを通じて攘夷思想に変わっていったものです。つまり、ペリー来航の段階までは、外国人を中に入れるということを実際に防げていたわけです。

これはなぜ防げたのかというと、通商を認めなかったからです。通商を認めると、のちの横浜や箱館のように開港場ができて、外国人が入ってきて居留地ができる。これをもって外国人を中に入れた、という共通認識となる。そうすると鎖国政策下という国体が変わってしまうわけです。

まず嘉永《かえい》七年(一八五四)に日米和親条約が締結され、二年後の安政《あんせい》三年(一八五六)にアメリカの外交官タウンゼント・ハリスがやってきます。さらに二年後の安政五年、ハリスとの間に日米修好通商条約が締結されました。

ハリスは通商を求めてやってきて、下田に居留していたのですが、これをもって開国とはいいません。要するにハリスは例外中の例外で、外交官が普通に滞在しているだけだという認識です。いわゆる居住地をつくっていないためですね。

もちろん、それまでにも漂流民などを含めれば外国人は何人も入ってきたことがあるので、厳密にいうと外国人がひとりもいなかったわけではありません。ただ、外交手続き上は外国人を入れてはいない、ということです。

ハリスは江戸に行って条約交渉を進めたがっていましたが、なかなか幕府は認めてくれない。業を煮やしたハリスは「押しかけていくぞ」と脅します。さすがに日本側としてはちょっとまずいぞ、となりました。そこで安政四年に下田条約が結ばれます。

この下田条約が、結局のところ開国を示しているのです。なぜそういえるかというと、下田と箱館への外国人の居留を許可しているからです。また、長崎の開港なども認めています。翌年に通商条約が結ばれたため、実際にはこの下田条約の内容は実行されないままだったのですが、幕府はすでにこの段階で開国することを認めてしまっているのです。

不平等な要素その一・片務的領事裁判権

ここでもうひとつ大事なのが、いわゆる不平等要素のひとつである「片務的《へんむてき》領事裁判権《りょうじさいばんけん》」を、その下田条約の段階ですでに認めている、という事実です。

日米修好通商条約のなかの不平等な要素は、ふたつあります。ひとつはその片務的領事裁判権、いわゆる治外法権《ちがいほうけん》と呼ばれるものです。条約の内容をよく見ると、これは日本国内のことだけを言っています。アメリカのことは言っていません。日本国内でアメリカ人が日本人を傷つけた場合、または日本人がアメリカ人を傷つけた場合、という前提であって、アメリカ国内で双方が傷つけあう、という想定は最初からないのです。これは非常に大事なところで、つまり当時外国に日本人がいない、アメリカに日本人がいないことが大前提になっています。

日本人が海外渡航を許されるのは、慶応二年（一八六六）の改税約書締結の直前です。これは英国駐日公使のハリー・パークスが日本人の海外渡航を認めるように幕府に要求するなかで、幕府としてはそれを改税約書の条文に入れたくないので、先手を打って解禁したわけですね。ただ改税約書のなかには、パークスから「ちゃんと実行しろ」と念を押された内容も含まれていますが。

ともかく、これによって日本人は外国に行けるようになった。明治維新の二年前です。しかし、通商条約が結ばれた安政五年の段階から考えると、まだ八年も先のことなのです。つまり通商条約の段階では、日本人の海外渡航はまだ国禁であって、日本人は外国にいないという前提となる。つまり、領事裁判権云々《うんぬん》以前の問題で、日本人はいないのだから、外国で日本人を裁くことはそもそも考える必要がないのです。明治維新以降とはまず前提が違うのです。

あとは日本国内で、トラブルがどの程度起きるのか、という想定です。当時の横浜の状況を考えると、長崎のように堀で区切られていて出島のようになっていました。そのうちに生麦《なまむぎ》事件などのトラブルが起こるものの、基本的に外国人は横浜にいて、動けても川崎止まりで江戸までは行けないわけです。

通商条約を結んだ当初は、日本側としてもまさか外国人がピクニックで出歩くとか、そういったことは想像もつかないわけで、横浜で外国人が接すると考えられるのは基本的に商人と役人しかいないだろう、という前提でした。つまり日本側としてはトラブルを想定しにくいわけです。

となると、トラブルは起こらないと踏んだ条項をそのまま認めることによって、ほかの条項でこちらの言い分を通したい、と考えたと思うのです。

日本人は海外渡航できない、また日本国内で日本人と外国人がトラブルになることは想定しにくい。仮に日本人が何かをするというと、つまり罪を犯したとすると外国人の殺傷です。当時の感覚からすると、犯人を捕まえたら生きたまま渡すことはないでしょう。そうした状況を鑑みると、領事裁判権云々というのをこの段階で考えろというのは土台無理な話であって、これをもって通商条約を結んだ岩瀬《いわせ》忠震《ただなり》たちが不見識であったなどと断罪するのは酷な話ではないか、という気がするのです。

◆不平等な要素その二・関税自主権

もうひとつの不平等要素、関税自主権ですが、これについては領事裁判権以上に疑問符がつきます。確かにこの段階で、関税自主権はありません。しかし輸入税はおおむね二十パーセントある。これは、まったく不利ではありません。関税上、不平等ではないのです。当時のイギリスの場合、輸入税は五パーセントです。これは大英帝国圏内の本国や植民地間で商品を自由にやりとりするための数字だと思います。いっぽうで、産業革命が遅れていた新興国家であるアメリカは、当時の輸入税が三十パーセントです。非常に高率ですが、これは自国の産業を保護するためです。

振り返って日本の二十パーセントですが、これはかなり高率です。しかも、これが非常に多くの物品に適用されているということ自体がきわめて重要なことなのです。

これは、ハリスが人道主義にこだわるクリスチャンだった、ということがプラスに作用したところはあると思います。ハリスにしても金《きん》の流出で儲けたりしてはいますが、ここでハリスとしては、貿易についてよくわかっていない日本人に対して、十パーセントや五パーセントなどの低い税率を押し付けて日本の輸入量を増やさせる方向に動いてもおかしくはなかったのです。しかし、そこは非常に紳士的に、ある意味保護貿易的な発想で守ってくれた。日本に対して、かなり親心を示してくれているといいましょうか。

つまり、関税自主権がないとはいえ、この段階で輸入税二十パーセントが不平等かといわれると、そうではないということです。のちのち関税自主権という概念が必要になるとしても、先の領事裁判権と同じで、一方的な断罪は酷な話だと思えるのです。

不平等になった真の理由

では、なぜ不平等条約になっていくのか。まず改税約書ですが、これがなぜ不平等かというと輸入税が二十パーセントから五パーセントに引き下げられたからです。先に述べたように、二十パーセントなら充分に保護されている状態なので、関税の自主権などなくてもよいのです。これが五パーセントになるというのは、単純に実入りが十五パーセント下がるわけですから、由々しき事態です。実際に明治時代になると、富国強兵・殖産興業を掲げて産業革命を起こしても、外国から五パーセントレベルの関税で物品がどんどん入ってきてしまう。逆に言えば、実際にそういう事態にならないと、五パーセントが不平等なのかどうかはわからないわけです。

改税約書の締結は慶応二年の五月ですが、ここではじめて文字通りの不平等になったと私は考えています。では、そもそもなぜ五パーセントになってしまったのか。これはあきらかに、長州藩の賠償金の担保です。

長州藩が下関で外国船を砲撃して、戦争になった（下関戦争）。その賠償金は、長州藩ではなくて日本を代表する政権である幕府が払うことになります。ただでさえ出費がかさむ時節に、大変高額な賠償金を課せられました。そこで幕府は、やむなく賠償金を三分の二に減免してもらうための担保として、この関税を差し出したのです。

早い話が「長州藩の攘夷行動によって不平等になった」ということです。そして、実際に不平等にした当事者ともいえる長州藩の下級藩士たちが、その後明治政府の高官になっていく。彼らにとっては非常に不都合な歴史なわけです。

ゆえに、不平等条約を結んだ幕府の姿勢を責めるということ自体が、まさに薩長藩閥史観だと思うのです。自分たちが原因で結ばざるを得なかった条約を改正するために、まさかその後の明治時代全部を通して苦労することになるとは、当時はまったく思っていなかったのでしょう。

欧米列強に領土的野心はあったのか?

このときおもしろいのは、日本は五パーセントの輸出税をとっていることです。つまり、輸出はしたくないのです。国のなかから物資を出したくない。だからハリスは「そんなことをやっても意味がないだろう」とたしなめた。それを幕府側、とくに責任者の岩瀬忠震などはわかっているのですが、あえてそれをやるわけです。

それにしても、ハリスのこの親心には感心します。当時のイギリスにしてもアメリカにしてもそうですが、彼らは純粋に貿易が目的であって、領土的野心とか植民地にする意思などはまったくないのです。これは西郷なども早い段階でわかっていますが、あえてそれを言うのは幕府を攻撃するためとか藩内の結束力を強めるためです。外圧を利用しているのです。なにしろ第一次長州征伐のときに西郷は「外国から軍艦を借りて長州を攻めよう」などと言っているくらいですし、伊藤博文《いとうひろぶみ》や井上馨《いのうえかおる》にいたってはアーネスト・サトウと文通までしているわけですから。

パークスが江戸総攻撃をやめてほしいといったのも、横浜へ影響がおよぶと貿易がうまくいかなくなるからですし、あくまでも彼らの目的は貿易です。日本の生糸《きいと》やお茶や海産物、そういったものに高い価値、有用性を見出している。とくに生糸が重要です。当時ヨーロッパでは蚕《かいこ》が全滅しているという状況があり、実は太平天国の乱で麻痺している中国以上に日本は重要であると考えていたわけです。だから彼らとしても、日本という市場を荒らしたくない。内戦によって疲弊されるのは困るのです。

それに、当初は日本などというちっぽけな国を植民地化するというのは、費用対効果的に無駄だと彼らは考えていました。しかも、侍などというとんでもないやつらがいて、彼らを抑えこむだけで莫大な経費がかかるし、あぶなくてしょうがない。

そこからはじまって、日本の生糸や鉱物資源など、いろいろなものが実はヨーロッパにとって魅力的だということがわかった。だから日本市場を重要視していくわけです。買いたいものがたくさんある。だから欧米にとってみれば、この不平等条約をなんとか続けていきたいわけです。

そうした事情を鑑みると、あの当時に通商条約を結んだ幕府の外交というのは、決して不見識でもないし弱腰でもなかったと思います。

不見識で弱腰な幕府を、薩長が倒して明治政府をつくった。そして明治政府が幕府の負の遺産である不平等条約を、長年かけて改正した。これがひとつのストーリーとして完成してしまっていて、正確な歴史が教えられていないというのは、大きな問題だと思います。

知られざる才能——幕臣・岩瀬忠震

先にも述べたとおり、日米修好通商条約を締結した当事者のひとりに岩瀬忠震という人物がいます。彼などは、不平等条約を押し付けられないためにも、自分を香港に派遣して学ばせろと言っています。おもしろいのが、幕府の老中たちはその談判に対して結論を出せなかったことです。普通に考えたら、海外渡航が厳禁といっている時代に、そんなことをできるはずがありません。それでも議論をして結論が出せないというのは、それだけ岩瀬に期待があったからでしょう。幕府のなかでも右に出るものがいないほど切れ味鋭い頭脳をもっていて、彼が言うことには一目置かざるを得なかったのだと思います。

この談判は、結局十三代将軍徳川家定にまでのぼっています。しかし、将軍決裁で時期尚早ということで却下されました。もし岩瀬を香港に派遣していたら、もっといい条約を結べたのではないか、と思ってしまいます。当時の目付《めつけ》や海防掛《かいぼうがかり》といった幕府の外交官は、かなりレベルが高いのです。

岩倉使節団が米国に渡航したときに、タウンゼント・ハリスが幕府外交官だった田辺太一からインタビューを受けているのですが、そのときにハリスは「岩瀬というのはすごいやつだった」と答えています。岩瀬との交渉のなかで、何項の条約文を何度書き換えたかわからない、と。それだけ鋭い外交官であったと評価しているのです。

通商条約締結時の大老である井伊直弼《いいなおすけ》は、孝明《こうめい》天皇から命じられていた条約締結の条件である諸侯・大名の誓紙《せいし》を全部集められるまで、締結は先延ばしにしろ、と命じていました。その井伊の意向を、岩瀬は現場の判断で、独断で無視して条約を結んでしまったわけです。それもあって岩瀬は五ヵ国全部調印させたあとで左遷されました。これまで、横浜開港の父といえば井伊直弼だったわけですが、最初に横浜を開港するべきだと言い出したのは実際は岩瀬です。

彼は横浜・江戸経済圏を確立することを企図していました。大坂に集中している富を江戸に持ってきて幕府を再興したい、と。ただ幕府だけ強くすればいいと言っているわけではなくて、まずは幕府を強くして、幕府が先駆け的にいろいろなことを実現して、それを各藩にやらせればいいじゃないか、という発想です。だからまず幕府が手本を見せなければいけないと、岩瀬は考えたのです。

有能な幕臣の意思を継ぐ系譜

横浜は、あまりにも将軍のお膝元《ひざもと》である江戸に近い、といわれていました。そんなところに外国人を入れるのは危ない、と誰もが考えていました。その横浜の開港を押し切ったのは岩瀬なのです。

それに彼は、江戸城で幕臣の水野《みずの》忠徳《ただのり》に対して「仮に江戸幕府がなくなったとしても、日本が残ればいいじゃないか」ということを、この段階で言えてしまう人物でした。

そういう存在であった岩瀬を、結局井伊直弼が弾圧してしまった。安政期の岩瀬と橋本《はしもと》左内《さない》、このふたりを失ったことは、幕府にとって痛恨の極みだったと思います。もちろん井伊直弼には彼なりの正義があり、そのうえでふたりを罰するわけですが、惜しい人材ではあったなと強く感じます。

岩瀬のエピソードをもうひとつ。イギリスと日英修好通商条約を結ぶときに、ローレンス・オリファントという随行員がいました。岩瀬はこのオリファントから英語を勉強しています。誰がどうみても、岩瀬がこのあと失脚することは自明の理だった。にもかかわらず岩瀬は、交渉の合間に英語を教えてくれと頼んでいます。大老から睨《にら》まれていて、明日にも牢屋に入れられるかもしれないという状況のなかで、彼は「将来役に立つかもしれないから」と英語を教わっているのです。

そのオリファントは、後年に薩摩スチューデントが渡英したときに、寺島宗則《てらしまむねのり》を外務大臣に紹介するわけです。オリファントが日本人に対して信用を置いた理由のひとつには、岩瀬の存在があったのではないかと思いますね。

そんな岩瀬の弟子ともいえるのが、あの勝海舟《かつかいしゅう》です。麟太、麟太と呼んでかわいがっていたようです。その勝の弟子が龍馬ですし、岩瀬の「幕府が滅んでも日本が滅びなきゃいい」という思想的な系譜は、彼らにまで息づいていたのかもしれません。

第6章

近現代　舟橋正真

日本軍の真珠湾攻撃で沈む米戦艦「アリゾナ」

舟橋正真（ふなばし・せいしん）

1982年茨城県生まれ。2010年明治大学文学部卒業。2012年立教大学大学院文学研究科博士課程前期課程修了。2014年日本学術振興会特別研究員DC2（～16年）。2016年日本大学大学院文学研究科博士後期課程修了。現在、成城大学非常勤講師、博士（文学）。著書に『「皇室外交」と象徴天皇制 1960～1975年——昭和天皇訪欧から訪米へ』（吉田書店）など。

新説14 日露戦争で日本は情報戦に勝利した

「打倒ロシア」を誓う「臥薪嘗胆」

日露戦争はよく知られている通り、日本が欧米列強の大国ロシアを破って、世界中を驚かせた戦争です。

軍事力だけでなく、国のあらゆる人的・物的資源（国力）を総動員して戦う戦争を総力戦と言います。総力戦は一般的に第一次世界大戦に始まるとされていますが、日本にとってはまさにこの日露戦争が最初の総力戦と言えるものでした。

それにしても、当時まだ駆け出しの近代国家だった日本がなぜロシアという強国に勝利することができたのでしょうか？

その疑問に答える前に、まずは日露戦争がどういう戦争だったのか、その概要を見ていきましょう。

日露戦争当時の日本は、朝鮮半島の支配と満洲（中国東北地方）への影響力の拡大を目指していました。一方、ロシアは満洲の支配と朝鮮半島への進出を狙っていました。端的に言えば、その朝鮮半島と満洲の支配をめぐる日本・ロシア間の利害の衝突が戦争に発展していったというわけです。

日露戦争につながる日本とロシアの直接的な対立のきっかけは、一八九五年に日清戦争の講和条約として結ばれた下関条約にあります。

日清戦争で日本に敗れた清国《しん》は、下関条約で日本に対して、朝鮮半島の独立の承認や、台湾・澎湖《ほうこ》諸島・遼東《りょうとう》半島の割譲、賠償金二億両《テール》（約三億一千万円。当時の日本の国家予算の三・六倍）の支払いなどを約束しました。しかし、その条約の中身を知ったロシアがフランス・ドイツとともに日本政府に抗議し、遼東半島を清国に返還するよう要求します。いわゆる三国干渉です。

当時まだロシアに対抗できる実力がなかった日本はやむなく要求を受け入れました。そして、将来の大きな目的を果たすために現在の苦境を耐え忍ぶことを意味する中国の故事「臥薪嘗胆《がしんしょうたん》」を合言葉に軍備を拡張していきます。ここで言う「大きな目的」とは、もちろん「打倒ロシア」を指します。つまり、日清戦争の直後には、日本はロシアを新たな敵として想定していたわけです。

中国分割と北清事変

一方その頃、欧米列強は、中国本土の分割を本格的に進めていました。その背景には、清国が下関条約で日本に対して抱えた巨額の賠償金があります。

清国はイギリスなどの列強からの借款《しゃっかん》（外国政府に資金を融資してもらうこと）で賠償金の費用を賄《まかな》っていました。それに対して列強側は、清国にお金を貸す代わりに租借地《そしゃくち》を得るなどして中国大陸に自国の勢力圏を築いていきます。こうして中国国土の分割が進み、清国は列強の半植民地状態になりました。

この列強の動きを受けて、清国内ではナショナリズムが高まり、一九〇〇年には各地で外国人が襲撃され、北京の列国の公使館が包囲されるなどの外国人排斥《はいせき》運動が起こります。その騒ぎに乗じて清国も列強に対して宣戦布告しました。世にいう「北清《ほくしん》事変（義和団《ぎわだん》事件）」です。

世界の超大国イギリスが日本の味方に

騒乱は日本を含む列強が送った連合軍によって鎮圧され、宣戦布告した清国も降伏しました。そして、翌一九〇一年、清国は戦後処理について定めた北京議定書に調印し、列強に対して、巨額の賠償金の支払いと、公使館周辺の治外法権・軍駐在権を認めることになります。

さて、これにて一件落着かと思いきや、ここでもうひと波乱起こしたのがロシアです。ロシアは北清事変の最中の一九〇〇年七月、建設中の東清《とうしん》鉄道保護を理由に清国に出兵し、満洲の要地を一気に占領しました。そして、騒乱が収まったあとも満洲に大軍を置き続け、事実上の占領を続けます。一九〇二年四月には清国と満洲の還付協定を締結し、満洲からの撤退を約束しましたが、結局撤退せずに新たな権益の獲得を目指しました。

このロシアの動きに対して、日本が危機感を持ったのはもちろんですが、イギリスもロシアへの警戒感を強めていきます。と言うのも、当時イギリスは東アジアやヨーロッパのバルカン半島でロシアと対立していたので、これ以上ロシアが勢力を拡大するのを阻止したいという立場にあったからです。

一方で当時イギリスは日本に対する信頼感を高めていました。日本が明治維新を経て近代化を実現したことに加え、北清事変では連合軍の一員として活躍して国際的な評価を高め、「極東の憲兵」としての地位を確立していたからです。

こうして対ロシアで利害が一致した日本とイギリスは、ロシアのアジア進出を牽制するために一九〇二年一月に日英同盟を締結します。日本にとっては欧米列強と初めて結んだ対等な同盟であり、列強の仲間入りを象徴するものでした。

◆元老と内閣の対立

大国イギリスと軍事同盟を結んだとはいえ、当時の日本はロシアと戦争する気満々だったわけではありません。そもそも、日英同盟の締結にいたるまで、日本国内では対ロシア政策をめぐり、内閣と元老《げんろう》で意見が対立している状態にありました。

元老とは、天皇の最高顧問的な役割を果たした長老クラスの有力政治家で、明治維新やその後の日本の近代化に貢献した、いわゆる「元勲《げんくん》」と呼ばれた人たちです。

この頃、元老は満洲と朝鮮半島を切り離して考え、日本がロシアの満洲支配を認める代わりに、ロシアには日本の韓国支配を認めさせる「満韓交換論」を主張しました。一方、当時の桂太郎《かつらたろう》内閣は満洲と朝鮮半島の権益を分けて考えることはできないとする「満韓不可分論」を唱えて元老と対立します。

ようやく両者の意見がまとまったのは、日英同盟締結後の一九〇三年四月二十一日のことです。

元老の山縣有朋《やまがたありとも》と伊藤博文《いとうひろぶみ》、首相の桂太郎と外務大臣の小村寿太郎《こむらじゅたろう》が会談を行い、「満洲におけるロシア権益を制限して、日本側に有利な満韓交換を進めていく」という方針で固まりました。つまり、日本政府は日英同盟を結んでからも、基本的にはロシアとの外交交渉を進めていくと決断していたわけです。

誤解されやすいのですが、北清事変で満洲に勢力を拡大したロシアが、そのまま朝鮮半島にも進出してくるかもしれないと日本側が危機感を抱いて、すぐ日露戦争に突入したのではありません。その前段階として、日露間で外交交渉が行われていたという点はおさえておく必要があります。

日本は戦争ではなく外交交渉の道を探っていた

日露間の外交交渉は一九〇三年八月十二日から始まりました。しかし、やはりと言うべきか、当初から日本とロシアではそれぞれ考えの違いが出ていたようです。

ロシア側は満洲を日本の利益の範囲外として韓国問題と満洲問題を切り離して考えていました。たとえば協定を結ぶ際にはその協定の範囲を韓国問題だけに限定し、その枠内で日露が妥協すればいいというのがロシアの立場です。

しかし、基本的に「韓国の完全確保」を目指している日本からすると、それは認め難いものでした。一方、ロシアはロシアで「満洲問題はあくまでも露清間の問題である」と考えていたので、日本側の提案（日本に有利な満韓交換論）を退けます。これでは、なかなか折り合いがつきません。

日本国内では、十二月十六日に内閣と元老が再び会談を行い、内閣側は日本側提案の再考をロシアに求め続けることを決定します。

しかし、元老側は、日本がロシアの満洲支配を認める代わりに、ロシアには日本の韓国支配を認めさせる「対等な満韓交換」の即時提議を求め、韓国を得ることを目的にした「限定出兵」を主張しました。

山縣をはじめとする元老たちは、漢城《かんじょう》（現ソウル）に出兵し韓国を確保しないと、韓国がロシアの影響下に置かれる可能性があると判断しました。だからまずは韓国を確保するための限定出兵をすべきだと考えたわけです。韓国を得ることを目的にした限定出兵であればロシアとは戦争にならない、というのが元老側の基本的な考えでした。

一方、内閣側は、韓国に限定出兵すればロシアと戦争になる可能性が高いと判断していました。加えて、独立国である韓国に派兵すれば、列国からの物議を招きかねないという懸念もありました。せっかく日清戦争や北清事変を通じて高めた日本の国際的な評価を下げるのは何とか避けたい（なので限定出兵は受け入れられない）、というのが内閣側の基本的な考えでした。

この元老と内閣の対立の中身を見ると、基本的には「ロシアと即時戦争か否か」で対立していたわけではないことがわかります。また従来は、元老が日露戦を尻込みしていて、桂内閣がロシアとの開戦やむなしという姿勢だったと見られがちでしたが、近年の研究では、元老も内閣も開戦には慎重であり、まずは交渉で何とか妥結の道を探っていたとする見解が出されています。

日露戦争の勃発

内閣と元老の意見の対立は一九〇四年に入っても続いていたのですが、一月十二日、桂内閣は閣議で対露交渉の最終方針を確定します。その中身は、ロシアの満洲の特殊権益と日本の韓国の特殊権益を互いに認め合うことを前提とした最終案でロシアとの最後の妥結を願うというものでした。

一方、ロシア側はそれに対する回答をよこさず、交渉を先延ばしにしながら軍事行動の準備を着々と進めるという態度に出ました。

そのため、二月三日にロシアの旅順《りょじゅん》艦隊が出港したという情報が日本にもたらされると、翌日、桂内閣と元老はいよいよロシアとの開戦の方針を固めます。

二月六日、日本はロシアとの交渉を打ち切り、国交断絶を通告しました。そして、二月八日・九日には旅順港・仁川《じんせん》港を攻撃してロシアの太平洋艦隊に大打撃を与え、制海権をほぼ掌握します。ちなみに、当時はまだ戦闘開始前に宣戦布告をするというルールが国際的に確立されていなかったので、宣戦布告は二月十日に行われました。

一方、陸戦では翌一九〇五年一月に乃木希典《のぎまれすけ》率いる第三軍がロシアの東アジア最大の軍事基地・旅順を陥落。三月十日には日露両軍が主力を投入した奉天《ほうてん》会戦で勝利を収めました。乃木はこの活躍で「英雄」と称えられますが、部下を多数戦死させてもいるので評価が分かれるところです。

続けて海軍も五月二十七日、日本海海戦でロシアの主力バルチック艦隊を東郷平八郎《とうごうへいはちろう》率いる連合艦隊が撃破し、世界中を驚かせる歴史的な勝利を収めました。これにより当初から日本側が危惧していた長期戦の可能性はなくなりますが、実はこの頃、すでに日本は国力の関係上、戦争継続能力が限界に達していました。

一方、疲弊《ひへい》していたのはロシアも同じです。一九〇五年一月には、帝政への不満からロシア革命（第一次）の発端となる「血の日曜日事件」が起きて治安が悪化し、実際のところ戦争を続けることができない状態になっていました。

国民の期待外れに終わった講和条約

一九〇五年九月五日、日露両国はアメリカ大統領セオドア・ローズヴェルトの仲介を受け入れ、アメリカのポーツマスで講和条約に調印します。いわゆるポーツマス条約です。

ここにきてもロシアが強硬な態度に出たため交渉は難航しましたが、軍事的に勝利した日本側は、韓国の支配権、旅順・大連《だいれん》の租借権、満鉄、南樺太《からふと》を獲得するなど、好条件で講和を成し遂げました。

しかし、日清戦争時のように賠償金が得られなかったことから、国内世論は講和に納得せず、戦争継続を訴える声まで上がります。

日本は日露戦争で約二十万人の犠牲者を出し、約二十億円の戦費を支出しました。正しい情報が伝えられず、日本の圧倒的勝利で戦争が終わったと信じていた国民からすると、ポーツマス条約の内容はまったくの期待外れだったわけです。

この国民の不満が爆発して、東京で内務大臣官邸や警察署、交番、新聞社などが襲撃される有名な日比谷焼打ち事件が起こるわけですが、講和後の出来事についてはここでは割愛します。

ひとつだけ補足しておくと、乃木希典が奉天会戦で勝利した三月十日はのちに陸軍記念日になり、東郷平八郎が日本海海戦で勝利した五月二十七日は海軍記念日になりました。

それに象徴されるように、日露戦争の勝利は「成功体験」として、その後の日本軍の思想に大きな影響を与えていきます。

すなわち、乃木の戦いぶりからは、不屈の精神で犠牲を恐れず敵に突撃すれば勝利できるという精神主義が重視されるようになり、東郷の戦いぶりからは、優れた作戦と戦術が勝利をもたらすという戦術至上主義が重視されるようになっていったわけです。

皮肉な話ですが、どちらも第二次世界大戦における日本の「失敗」の元となったと言われています。

日本はなぜ強国ロシアに勝利できた？

さて、以上が日露戦争の概要ですが、ここで改めて冒頭の質問に戻りましょう。なぜ日本は強国ロシアに勝利することができたのでしょうか？

一般的には、乃木希典や東郷平八郎の活躍を踏まえ、精神主義（士気の高さ）と優れた戦術が日本の勝利につながったとみられがちです。

もちろんそれらも無視できない要素でしょうが、やはり最大の勝因は、日本が世界の超大国イギリスからの軍事的な支援・協力を得ることができた日英同盟にあると考えられます。

日英同盟では、①イギリスの中国での利権と、日本の中国・韓国での利権をお互いに認め合うこと、②日英のいずれかが第三国と戦争をした時には中立を維持すること、③二国以上と交戦した場合には共同して戦うこと、などが義務づけられました。③のケースは、たとえば当時ロシアがフランスと同盟を結んでいたので、もしフランスがロシアに加担して参戦するなら、イギリスも日本との共同戦闘に踏み切るという約束です。

日本は、世界最大の海軍国だったイギリスと手を組むことで、さまざまなメリットを享受しています。

モノの面で大きかったのは、装備の充実です。日本海軍はイギリスから全面的な軍事技術の支援を受けて世界最高水準のイギリス製新鋭艦を導入できたほか、兵器・銃砲弾の補給もイギリスの企業から受けることができました。

カネの面で大きかったのは、戦費の調達です。当時日本はアメリカとイギリスで外債《がいさい》（戦時外国債）を募集して戦費の調達に成功しています。その際、日本の外債の信頼感を高めていたのがやはり日英同盟の存在でした。

日英同盟で「情報」を制した日本

さらにもうひとつ、モノ・カネ以外で日英同盟のメリットとして大きかったのが「情報」です。

当時は世界各国で電信線の敷設が進み、新聞社や通信社の報道するニュースが直ちに各地に転送される時代になっていました。

日本は世界の情報通信網（海底ケーブル網）を握っていたイギリスと同盟を組んだことにより、世界の新聞社・通信社が発信する情報を確実に入手できるようになりました。つまり、欧米のマスメディアが伝える列強の動向、ロシア軍の情報、ロシアの国内情報などを収集し、現状分析に役立てることができたというわけです。

また、イギリスの情報通信網とつながったことにより、ロシア資本の息がかかった海底ケーブルを経由せずに、電信情報を世界中に発信することも可能になりました。つまり、政治・軍事に関する重要な電信情報を、ロシアに知られることなく、アメリカやイギリスとやり取りできたわけです。

さらに、テクノロジーの面では、海底ケーブルを中心とする軍用電信に関するノウハウをイギリスから購入できたので、敵艦を発見するための新型無線機を導入するなど、最新の通信技術を軍事利用できるようになりました。

ようするに、日英同盟は、日本がロシアに対して情報通信の分野で優位性を保つことにも一役買っていたというわけです。

こうして日本がロシアとの戦争に必要な情報を得やすくなったことは、実際の戦争で軍事作戦を遂行する上でも当然有利に働いたと考えられます。

ちなみに、世界の情報通信網の発達により、日露戦争の様子が具体的かつ迅速に世界中に伝わる環境にあったことも、日本にとっては大きな追い風になりました。日本軍の迅速さや秩序正しさ、ロシア軍の無統制ぶりを強調した情報がほぼリアルタイムで世界に発信されたことで、戦費調達のための日本の外債も人気が高まり、どんどん海外からカネを借りやすい状況になっていったのです。

◆情報戦の勝利が日露戦争の勝利につながった

ところで、日露戦争の情報戦と言えば、いわゆる諜報活動に関わっていた陸軍大佐・明石元二郎《あかしもとじろう》の活躍が有名です。よく小説やドラマなどの題材にもなっていますが、明石はロシア国内外の反ロシア勢力に資金・武器を援助して革命を煽《あお》り、攪乱《かくらん》工作によってロシアの戦争継続を困難にさせたと言われています。

当時明石がさまざまな工作活動に従事していたのは事実ですが、果たしてそれが日露戦争の帰趨《きすう》を決しうる要因になったかは疑問です。それよりもむしろ明石が行った情報収集活動（欧米の新聞からロシア軍の情報を収集するなど）こそ、日本の情報戦に大きく貢献したといえるでしょう。

いずれにせよ、当時の日本が「情報（インテリジェンス）」を重視し、日英同盟に基づくイギリスの支援・協力でロシアとの情報戦に勝利していたことが、日露戦争そのものの勝利にもつながったと言えるでしょう。

日本ではロシアのバルチック艦隊の将官の名前まで詳細に把握していたのに対して、ロシアは日本の各艦の艦長の名前さえ把握していなかったという話もあります。それが事実かはさておき、そんなエピソードが伝えられるほど、当時の日本とロシアでは情報に対する意識に差があったというわけです。

新説15 日米開戦の原因は組織の論理と責任のたらい回しだった

アジア太平洋戦争を始めたのは陸軍？

一般的に「太平洋戦争」や「アジア太平洋戦争」と呼ばれている戦いは、第二次世界大戦のうち、一九四一年十二月八日の英領マレー半島への奇襲上陸、真珠湾《しんじゅわん》への奇襲攻撃によって始まるアジア・太平洋地域で行われた戦争を指します。

アジア太平洋戦争は伝統的に、陸軍が中心となって戦争を主導した（海軍は消極的だった）という論調で語られてきました。そのため、何となく陸軍が悪かったという漠然としたイメージが今日でも根強く残っていると思います。

しかし、近年の研究成果に基づけば、実は対米開戦の決定にいたるプロセスは、そうした陸軍悪玉論・海軍善玉論とはまったく次元の異なるものだということがわかります。

アメリカとの戦争を警戒

そもそもなぜアメリカと戦争することになったのでしょうか。

元をたどればさまざまな原因が挙げられますが、直接的なきっかけは、いわゆる日中戦争の泥沼化と日独伊三国同盟の締結で、日本とイギリス・アメリカとの対立が深まったことにあります。

当時「支那《しな》事変」と呼ばれた日中戦争は、一九三七年七月のいわゆる盧溝橋《ろこうきょう》事件を発端とする局地的な衝突が華北から華中に広がり、全面戦争に突入して泥沼化していきました。

この日中戦争をどのように解決するのかという議論の中で出てきたのが「武力南進論」です。簡単に言うと、日本軍を南方地域（東南アジア方面）に進出させていくという作戦ですが、その目的は、日中戦争で敵対していた中国国民政府（蔣介石《しょうかいせき》政権）の補給ルートを断つことと、戦争遂行に必要な石油資源を確保することにありました。

石油は戦争に必要不可欠な資源です。それを外交交渉で確保できれば問題ないのですが、交渉がまとまらなければ武力行使もあり得ます。そうなると、現地に植民地を持つイギリスなどとの戦争は避けられません。

日本にとっての問題は、対米開戦のリスクでしたが、一九四〇年夏の時点で政府は、アメリカがアジアに介入してくる可能性は低いと判断し、南進を強行します。

アメリカはすでに日本の南進を牽制する措置（重要物資の輸出制限や航空用ガソリンの禁輸）を講じていましたが、武力南進が開始されると、対日圧力を強化していきます。

裏目に出た三国同盟

一九四〇年九月、日本はアメリカに対する牽制を強めるため、ドイツ・イタリアと日独伊三国同盟を結びました。誤解されやすいのですが、三国同盟はもともとアメリカと戦争するのが目的ではなく、むしろ戦争回避のための外交交渉力を高める（ドイツ・イタリアと連携してアメリカとの交渉を有利に進める）ことが目的だったわけです。

しかし、その狙いは逆効果となり、三国同盟締結をきっかけにアメリカから屑鉄《くずてつ》（製鉄の重要な原料）の禁輸措置がとられるなどの経済制裁を受けてしまいます。

その一方で当時の外相・松岡洋右《まつおかようすけ》は、アメリカに対する抑止力を強化するため、三国同盟にアメリカの宿敵であるソ連をプラスしようと考えていました。そして実際、一九四一年四月に日本はソ連と日ソ中立条約を締結します。三国同盟にソ連との中立条約をうまく抱き合わせて、「四国協商」の形で英米との対抗軸ができれば、対米戦を回避できるのではないかと考えたわけです。

しかし、この「四国協商」構想は一九四一年六月に独ソ戦が始まったことであえなく破綻してしまいます。

◆「対米開戦」は予算・軍備獲得の方便

三国同盟締結でアメリカと対立を深めた後も、日本は南進を継続します。

当時「南進」を主に主張していたのは海軍でした。

それに対して、陸軍はソ連を仮想敵としていたので、北方に進出してソ連に対抗し、日中戦争の泥沼化を解決すべきだと唱えました。「南進」に対して、これを「北進」と言います。

一九四一年七月二日、第二次近衛文麿《このえふみまろ》内閣は御前会議（天皇臨席のもとで行われる国策決定の最高会議）で「情勢の推移に伴う帝国国策要綱」を決定しました。

この要綱には、東アジアと東南アジアを勢力圏とする「大東亜共栄圏」の建設のほか、海軍の目指す「自存自衛の基礎」確立のための南方進出、陸軍の唱える「北方問題の解決」が両論併記されました。そして、それらの目的達成のためには「対英米戦を辞せず」という文言が明記されます。

つまり、文書の形の上では、一九四一年七月二日の時点ですでに対米開戦の姿勢が示されていたわけです。

ただし、本当にその覚悟があったわけではありません。

対米戦が起こった場合、日本側では誰がメインで戦うことになるかというと、海軍です。陸軍は海軍を後方から支援していく形になります。

しかし、実のところ当時の海軍にとって対米戦は、予算や軍備を獲得するための単なる方便であって、本気でアメリカと戦争する気はなかったとみられています。

対日石油輸出全面禁止の衝撃

海軍の唱える南進論に基づいて、日本軍はフランス領インドシナ（仏印《ふついん》＝現ベトナム・

ラオス・カンボジア）に進駐しました。北部仏印への進駐は三国同盟を結んだ一九四〇年九月に実施され、翌一九四一年七月には、南部仏印進駐が実施されました。

一方、アメリカはこの南部仏印進駐に対する対抗措置として、在米日本資産の凍結や日本に対する石油の全面禁輸などの経済制裁に踏み切ります。

これは日本にとって大きな問題となりました。と言うのも、実は当時日本政府はアメリカがそこまでの対抗手段に出るとはまったく予想していなかったからです。

つまり、「これくらいならアメリカは何もしてこないだろう」と判断して南部仏印進駐を実施したわけですが、三国同盟締結に続いて、ここでも日本側の見通しの甘さが仇となります。

陸軍にとっても海軍にとっても、石油は戦争を遂行する上で絶対に不可欠なものです。そのため、軍部内では「現在備蓄されている石油であとどれくらいもつのか？」という議論が焦りの声とともに交わされるようになり、「この状況が長引けば長引くほど日本の不利になるから、石油があるうちに今すぐ対米開戦するべきだ」という即時開戦論も次第に高まっていきました。

日米トップ会談を模索

南部仏印進駐に対するアメリカ側のリアクションに驚いた首相の近衛文麿は、アメリカのフランクリン・ローズヴェルト大統領とのトップ会談を行う道を模索していきます。ローズヴェルトと直接会って話をすることで、一気に日米関係の問題を打開しようとしたわけです。

実は日本は南部仏印進駐を実施する三か月前、一九四一年四月から日米交渉を開始していました。これは基本的にはアメリカとの戦争を回避するための交渉です。

アメリカが日本への石油全面禁輸に踏み切った三日後の八月四日、近衛は陸相の東條《とうじょう》英機《ひでき》と海相の及川古志郎《おいかわこしろう》に日米トップ会談の意思を伝えました。

前述の通り、海軍は本音ではアメリカと戦う気がないので、及川はこれに賛成します。

一方、東條はトップ会談に成功の見込みがないと考えていたようです。しかし、その場ではノーともイエスとも答えませんでした。というのも、もし日米トップ会談に陸軍が反対すると、近衛は内閣を辞めてしまう可能性があります。ここで近衛を引退に追い込んでしまえば、その結果として陸軍が日米開戦の決定に重大な責任を背負うことになりかねないと危惧したわけです。

それぞれの組織の論理と責任回避の思惑が見え隠れしています。

実現しなかった日米トップ会談

昭和天皇も日米トップ会談には期待をかけていました。

ローズヴェルトも最初は好意的な姿勢を見せ、アラスカでの会談実現などの案を口にしていたようです。

そうした情報は日本にも駐米大使を通じてもたらされていたので、日本側も会談の実現に手ごたえを感じていました。

しかし、アメリカという国は大統領がイエスと言ったからといって、政治が決まるわけではありません。

当時は国務省（日本の外務省にあたるアメリカの省庁）にも対日強硬派がいたことに加え、国務長官（日本でいう外務大臣）のコーデル・ハルもトップ会談には消極的でした。

ハルとしては、国務省を通して日米交渉をまとめていくのが大前提であって、国務省を外して日本政府とホワイトハウスだけで話を進めるなどもってのほかだと考えていたようです。ようするに、両国の外交当局間で事前にしっかりと大筋の合意を固めておかないと、日米トップ会談は認めないという立場でした。そこには国務省内の対日強硬派の意向も少なからず含まれていたと思われます。

結局日米トップ会談については、アメリカ側から十月中旬頃に日本側に会談を認めない旨の通知が送られてきました。

陸海軍の本音

話が少し前後しますが、一九四一年九月六日に開かれた御前会議では、日米交渉に期限が設定されました。つまり、「まずは外交交渉を進めるが、期限内に交渉がまとまらなければ対英米開戦を決意する」と決定したわけです。

ところで、日米交渉では、中国大陸からの日本軍の撤兵が大きな争点になりました。アメリカは早期撤兵を要求しましたが、日本側（特に陸軍）はそれを拒否しました。日中戦争でこれまで多数の戦死者（一九四一年末時点で十八万人超）を出してきたことを考えると、その犠牲を無にして簡単に撤兵はできない、というのが陸軍の主張でした。

しかし、一九四一年十月に入ると、アメリカは、これまでの中国大陸からの日本軍の撤兵に加え、仏印からの撤兵も要求してきました。

この段階にきて、日本の陸海軍内では、「実はアメリカはすでに戦争を決意していて、戦争の準備のための時間稼ぎをしているのでは？」という考えが出てきます。

このままでは時間が経てば経つほど、石油の備蓄が尽きてしまい、開戦時の状況は日本の不利になる。ならばその前にできるだけ早く開戦すべきだ、というのが作戦を担当する参謀本部や軍令部の判断でした。

一方、陸海軍の本音はどうだったのかと言うと、海軍は十月上旬に陸軍との協議の場で日米交渉の続行を主張しました。どうやら対米戦争に自信がないため、開戦の決断を引き延ばしにしようという考えだったようです。

これに陸軍は憤慨《ふんがい》します。

九月六日の御前会議での決定は、「アメリカと戦争ができる」という前提で決めたのではないのか、ここに来てそれをひっくり返すのはおかしいではないか、というわけです。

海軍としては、本音は「アメリカと戦えない」ですが、それを公の場で言うことはできません。もし海軍が戦えないから対米開戦ができない（中国大陸からの撤兵などのアメリカ側の要求に応じる）となると、戦争回避の責任を押し付けられ、海軍の予算や軍備が削減されるかもしれないからです。

一方、陸軍は海軍に責任を押し付けたいという考えがあり、本音では海軍側に「対米戦はできないから反対だ」と言ってほしかったようです。

「主戦派」とみなされていた陸相の東條英機にしてもそうですが、当時の日本のエリート層の大半は、本気でアメリカと戦えるとは思っていませんでした。東條の場合、陸軍の総意としては「即時開戦」なので、トップとしてそれを声高に主張していたに過ぎません。東條自身、海軍がアメリカと戦えないと言うのであれば我々も妥協できる余地はある（アメリカの要求を受け入れる）という趣旨の発言をしています。

この陸海軍の本音と建前、お互いが責任を押し付け合っていた状況は、「陸海軍の不一致」という単純な論理では語れない部分があります。

東條内閣の成立

こうした状況下で日米開戦のすべての決定をゆだねられた首相の近衛文麿は、十月十六日に総辞職し、内閣を投げ出してしまいます。

近衛の後継として首相に就任したのは東條でした。

十月十七日、東條は九月六日の御前会議決定（外交交渉に期限を設けて、それでダメなら開戦を決意する）の白紙撤回と、組閣を昭和天皇から命じられます。

当時日米交渉の最大の障害になっていたのは陸軍でした。陸軍の前大臣である東條に内閣を任せた理由については、昭和天皇が東條の仕事ぶりを評価していたという面もあり、陸軍を統制し、海軍との協力をはかり、国策の再検討を行うことへの期待があったと考えられます。

さて、東條内閣のもとでは、これまでの国策が再検討されていきます。

対米方針に関しては、①不戦による「臥薪嘗胆」、②即時開戦、③作戦準備と外交交渉の併行、という三パターンが出されました。

首相の東條は③を主張します。

海軍は三年以上の長期戦は不利である（どうなるかわからない、自信がない）と述べながらも、開戦自体を否定しないという曖昧な立場でした。

陸軍は長期的な見通しのないまま、楽観的な見通しで早期開戦を唱えました。

結論としては「和戦両様」に落ち着きます。つまり、一度は白紙撤回された九月六日の御前会議の曖昧な決定がほぼそのまま引き継がれる形になったわけです。

具体的な内容としては、外交交渉の期限が十二月一日までと定められ、外交が成功しない場合は十二月上旬に宣戦することが決められました（十一月五日の御前会議で決定）。また、外交交渉の中身については、甲案と乙案というものが出されました。甲案は、中国からの撤兵問題で駐兵期限を設定するというものです。乙案は、暫定的な取り決めとして、対日石油供給と引き換えに日本が南部仏印から撤退するという交換条件的な内容でした。

甲案のほうはアメリカ側から一蹴され、乙案はアメリカから一時検討されますが、結局どちらも上手くいきませんでした。

ところで、これまで海軍は交渉を進めることを主張していましたが、十月三十日、海相の嶋田繁太郎《しまだしげたろう》が海軍首脳部に「対米英戦争やむなし」と明言します。この路線変更の理由については諸説ありますが、即時開戦を唱えた海軍の長老・伏見宮《ふしみのみや》博恭王《ひろやす》に嶋田が影響を受けたとも言われています。あるいは、日本が対米屈服した場合の全責任を海軍に押し付けられるのを拒絶したかったからだとも考えられます。

当時は陸軍も、海軍も、あるいは内閣の各大臣も、責任ある立場の人間は、自分の意見・発言が「戦争回避の理由」にされることを恐れるという異様な状況になっていたわけです。

◆最後の決め手となったハル・ノート

結局、日米開戦を決断する決め手になったのは、いわゆる「ハル・ノート」と呼ばれるものです。

アメリカの国務長官ハルは、十一月二十六日に行われた日米会談で前述の日本の乙案を拒否する一方、①領土保全、②内政不干渉、③機会均等、④現状秩序の維持という従来の主張（いわゆるハル四原則）に加えて、日本軍の中国・仏印からの全面撤兵、三国同盟の空文化などを要求する覚書を日本側に提示します。

この覚書がハル・ノートです。一九三一年のいわゆる満州事変以降行われてきた日本の外交政策をほぼ全否定する内容であり、これまでで最も強硬な対日提案でした。

日本側はこのハル・ノートを「最後通牒《つうちょう》」として受け取ります。そして、十二月一日の御前会議でいよいよ対米開戦を決定したわけです。

たらい回しの末の「開戦やむなし」

対米開戦の決定までの流れを俯瞰すると、ひとつの軸として、陸海軍の「利害のねじれ」があったように思えます。

アメリカ側から要求されていた撤兵問題は、基本的には大陸政策や対ソ戦に関わる陸軍側の利害です。

海軍はそれをどう見ていたかと言うと、別に陸軍が中国大陸から撤兵したところで海軍はたいして傷つきません。それゆえ、海軍としては「何とか撤兵を飲んでくれ」と撤兵を容易に主張できました。

一方、陸軍からすると、対米戦の主体は自分たちではなく海軍です。陸軍としては、緒戦で南方の資源地帯に侵攻してしっかりと資源を得て、作戦が一段落したら占領地を防衛していけばよいと、対米戦での限定的な役割しか想定していませんでした。それゆえ、陸軍側は、対米戦が始まったとしても、南方資源を確保して占領地を守ったあとは、中国大陸や対ソ戦に専念しようと考えていたようです。

また、対米戦の想定を海軍まかせにしていたことから、陸軍はアメリカに関して研究不足だったとよく言われます。

たとえば、「アメリカ人は経済的・物質的に豊かだから、長期戦による厳しい生活に耐える気力がない」と信じて、「アメリカの兵隊は弱い」という印象を勝手に抱いていました。

また、もし戦争が長引けば、国民からも反発が出てくるので、そもそも長期戦などできないだろうと予想していました。

ようするに、アメリカに対する一種の偏見から、(そもそも海軍がやってくれる) 対米戦を楽観的に考えていたわけです。

繰り返しになりますが、海軍はこれまで対米戦を名目に予算や軍備を獲得してきた立場上、「アメリカとの戦争に自信がない」とは、公式には言えません。御前会議においてもそれを絶対に口にせず「外交交渉が成立しなければ開戦に踏み切る」と明言してきました。本音では「対米開戦なんてできっこない」と考えていましたが、もし公の場でそれを言ってしまえば、海軍自体の存在意義が失われることになります。

ちなみに、第三次近衛内閣の海相・及川古志郎は一九四一年十月十二日に行われた閣僚の会談で、「和戦の決」(開戦するか外交交渉するかの決定) については「総理一任」、つまり首相である近衛が判断すべきだとしました。さらに、「外交に決めて戦争を止めるのであればそれでよい」という旨の発言をしています。近衛内閣が総辞職したのは、その六日後のことです。

結局、陸軍も海軍も、自分以外の組織の犠牲によって問題を解決しようとしていました。陸軍は海軍にゆだねる、海軍は首相にゆだねる、首相は総辞職して投げ出す——その結果、以前と同じ「外交交渉がダメなら開戦」に落ち着いたわけです。

しかし、同じ結論とはいえ、それは昭和天皇の大命のもとで皆が再検討し、考えつくした末に出されたものですから、天皇自身にも反対する理由がありません（そもそも昭和天皇は和平を期待しつつも、戦争自体に反対していたわけではないのですが）。

つまるところ、対米開戦の「決断」は、それぞれの組織の論理と利害が優先され、責任をたらい回しにする中で次第に固められていった「開戦やむなし」だったと言えるでしょう。

新説 16

昭和天皇は戦後も政治・外交に影響力をもっていた

「統治権の総攬者」「大元帥」から「象徴」へ

大日本帝国憲法下において、天皇は「統治権の総攬《そうらん》者」、つまり司法・立法・行政のすべてを「総攬」する存在でした。天皇に権力が集中していたわけです。すなわち国家元首ということになりますが、もう一つ、陸海軍の最高司令官としての「大元帥《だいげんすい》」という地位にもあったわけです。それが戦後、施行された日本国憲法において、天皇は「象徴」となったのです。

しかし、この象徴天皇とは何を意味するのかは、実はよく分かりません。日本国憲法第1条では「日本国の象徴であり日本国民統合の象徴」という位置づけになり、その地位は「日本国民の総意に基く」とされているわけです。

さらに第4条では、天皇は「国政に関する権能を有しない」とも書かれているわけです。これは天皇が政治には関与してはいけないということを語っていると言われています。つまり内政・外交などに象徴天皇は関わってはならないんだということです。では天皇は何を行うかというと、第7条に、「国事に関する行為」（国事行為）であると書かれています。それが象徴天皇の行うべき活動であると、規定されているわけです。

ところが現在までの間に、天皇はそれ以外の行為もずいぶん行ってきています。たとえば、地方を訪問したり、外国訪問をしたり、あるいは国賓接遇《こくひんせつぐう》、簡単に言えば、日本を訪ねてくる海外の要人をもてなす行為なども行っています。これらは公的行為、あるいは象徴的行為ともいわれていて、憲法に定められていない行為ではありますが、象徴天皇が行うべき行為と位置づけられていて、現在にいたるまで継続して行われてきました。

こうした天皇の行為は、言わばなし崩し的に実行されてきたもので、明確に反対するような議論はありませんでした。それ以外にも、テニスをしたり、生物学の研究をしたりといった行為は、宮中祭祀と同じく「私的行為」と呼ばれています。

象徴天皇の行為は、以上のように「国事行為」「公的行為」「私的行為」の三つに分けられるということです。

政治的基盤を失った天皇

では、日本国憲法が施行されたことによって、天皇制の在り方や、天皇の政治的基盤において、何が変わったのかを見ていきたいと思います。

まず、国策決定機関である御前会議がなくなります。そして新しい首相を宮中において決定するという権限も消滅しました。大日本帝国憲法下では、元老がいた時代は、元老が次の首相候補を選び出して天皇に奏上し、天皇が首相に任命するという手続きがとられていました。元老・西園寺公望《さいおんじきんもち》が亡くなった後は、内大臣と首相経験者である重臣が、重臣会議を開いて候補者を決め、天皇に奏上するという流れでした。この、天皇の後継内閣首班選定権は、日本国憲法下では消滅したわけです。さらに、天皇を補佐する機関である枢《すう》密院《みついん》や内大臣府も廃止されました。そして、天皇の私的な情報源であった皇族も、天皇の弟である直宮《じきみや》以外は、その他の華族《かぞく》とともに特権身分を剝奪されました。

天皇の政治的基盤は失われ、無力化されていったわけです。その背景には、戦後、天皇をどう位置付けるかということと、天皇の戦争責任との関係があったと思われます。戦後、占連合国の間では、天皇の処遇については明確な方針が打ちだされてはいませんでした。

領政策については、あくまでも天皇制を利用し、その制度のもとで占領政策を行うという考えは固まりつつも、昭和天皇自身をどう処遇するかについては、とても曖昧でした。

一九四五年九月二十七日に、昭和天皇とGHQの最高司令官であるマッカーサーが第一回の会談をしました。そのとき昭和天皇は、ポツダム宣言を忠実に履行する、つまり占領政策に協力することを告げています。マッカーサーはこの発言を受けて、昭和天皇を占領政策を実行するためのパートナーとして認識したとされています。

さらにさかのぼると、終戦時に、天皇は皇族軍人を各地に派遣して、停戦命令を伝えさせています。その結果、停戦が大きな混乱もなく実現したことを、マッカーサーは高く評価していました。

しかし、昭和天皇の戦争責任を追及する声は連合国内に存在しており、アメリカ国内からも責任を問う動きが出てくる可能性がありました。そうした追及を逃れ、かつ占領政策を円滑に進めるためには、昭和天皇が戦前の天皇の在り方とはまったく違う、政治権力がない君主であること、象徴的な存在であることをアピールする必要があったわけです。それが、日本国憲法における天皇の規定へとつながったと考えられています。つまり、象徴天皇という規定が設けられたのは、占領政策や天皇制を守るための措置だったといえます。

◆内奏という戦前からの慣習

では、実際に天皇が政治に関与する余地はまったくなかったのでしょうか。日本国憲法の第7条に記された国事行為の内容をよく見てみますと、その範囲が内政・外交にわたり非常に広範であることがわかります。また、第3条には、天皇の国事行為は内閣の助言が必要だと書かれています。これは、国事行為にあたり、天皇が内閣に質問をしたり、意見を語ることを禁じておらず、むしろその余地を残しているようにも読めます。国事行為のために内閣が行う助言の段階で、天皇が政治関与する余地があるということなのです。

ここで、「内奏《ないそう》」という慣習がクローズアップされます。内奏とは、内閣の閣僚が天皇に行う非公式の説明のことです。国事行為だけでなく、内政・外交あらゆることについて、戦前から首相をはじめとする閣僚は天皇に内奏をしてきました。

戦後の一九四八年三月、民主党を中心とする芦田均《あしだひとし》連立内閣が成立しました。芦田は、日本国憲法の制定過程に深く関与したこともあり、憲法に基づく「天皇不執政」を徹底させた天皇制のあり方を推進しようとします。現実の政治に、日本国憲法の理念を反映させようという意識が強い政治家でした。それは、戦前・戦時中の軍部の政治利用に対する忌避意識からくるもので、非政治的な象徴天皇を実現しようという思いに結びついたのだと思います。

芦田は首相となる前に、片山哲《かたやまてつ》内閣の外務大臣を務めましたが、そのとき、戦前からの慣習として続いていた天皇への内奏と、それに対して天皇が質問する「御下問《ごかもん》」を廃止しようとします。芦田は、政治に関与しない、非政治的な天皇こそが皇室の存続や日本の国際的な価値にとって望ましいと考えたのです。しかし、昭和天皇は外相による内奏を強く望みました。一九四七年七月二十三日、芦田は内奏に疑問を抱きながらも参内し、昭和天皇に内奏をしました。天皇の権威の前に、拒絶することはできなかったのです。

米ソ対立に関する天皇の意見表明

このとき、芦田はアメリカ国務省の対日平和予備会議や、アメリカのハリー・S・トルーマン大統領が掲げた「トルーマン・ドクトリン」や「マーシャルプラン」、そして中国共産党と国民政府の内戦などについて、昭和天皇に解説したとされています。天皇は、険悪となっている米ソ関係について強い関心を寄せていました。芦田は、米ソ関係が開戦に至る可能性を認めながらも、起こりそうもないと述べます。天皇は、共産主義のソ連との協力は日本には難しいとして、アメリカに同調すべきであると述べたようです。

これはもはや、質問の域を超えた対応です。米ソ対立が顕在化したなか、日本はアメリカとの外交関係を基調とすべきだという、天皇の政治的な意思表明に他なりません。天皇は、明らかに自らの意識を内閣に伝えようとしていました。天皇のなかでは、おそらく戦前の立憲君主としての意識が、戦後に至っても保持されていたのでしょう。

◆昭和天皇の沖縄メッセージ

一九四七年九月十九日、宮内府御用掛の寺崎英成《てらさきひでなり》は、占領軍の政治顧問ウィリアム・J・シーボルトを訪問し、アメリカ軍による沖縄の軍事占領に関する天皇の提言を伝えました（シーボルトは翌日付でマッカーサー、二十二日付で国務省に報告しています）。その内容は、次のようなものでした。

（1）アメリカが沖縄、その他の琉球諸島を継続的に軍事占領することを希望する。
（2）沖縄占領は、主権を日本に残したままでの長期（二十五年ないし五十年、またはそれ以上の）租借方式で行う。

このメッセージの根底には、日本の共産化を防ぐという天皇の強い危機感があったのではないかと思います。一九七九年にアメリカ国立公文書館でこの文書が発見され、象徴の枠を逸脱した政治的行為として、国会でも議論となりますが、この時、昭和天皇は「アメリカが占領して守ってくれなければ、沖縄のみならず日本全土もどうなっていたかわからない」と語っています。

沖縄メッセージの影響

それでは、この沖縄メッセージは、アメリカ政府の方針に影響を与えるということはあったのでしょうか。

このメッセージに対して、翌月シーボルトは「米国の意思決定に誰でも影響を与へようとするのハ間違ひ」と寺崎に伝えています。これは、沖縄の米軍駐留や駐留方法は「米国の意思決定」に委ねられるべき問題だとしている内容で、シーボルトからメッセージを受け取ったアメリカ政府内部からの、寺崎（天皇）に対する「警告」だという説もあります。

一方で、アメリカ国務省内ではこのメッセージの重要性を認識していたようで、天皇の沖縄メッセージを重要な提案とみなし、日本との講和問題に関する政策の検討に利用したとされています。具体的には、天皇のメッセージを引用しながら、琉球諸島における基地租借方式の利益・不利益などが研究されています。

天皇の沖縄メッセージが、ダイレクトにアメリカの政策を動かしたとまでは言えませんが、その後の沖縄の置かれた状況を考え合わせると、実質的には影響を及ぼしたと見てよいと思います。

◆寺崎が伝えたもうひとつのメッセージ

実は翌一九四八年二月二十六日にも寺崎はシーボルトにメッセージを伝えています。ここでは、東アジアにおける反共産主義防衛戦の構築を提言しています。具体的には、韓国・日本・沖縄・フィリピン、そして可能であれば台湾をアメリカの最前線地域として選び、中国・ソ連という共産主義国家の包囲網を作ることを提言したものです。

寺崎はこのメッセージの主体が「天皇」だとは明言していないのですが、受け取ったシーボルトは、寺崎の個人的見解ではなく、天皇を含む多くの有力な皇族との議論に基づくものだと記しています。「有力な皇族」が何を指し示すのかは定かではありませんが、おそらく天皇の意見を反映したものとみてよいでしょう。

沖縄メッセージと合わせて考えると、昭和天皇がこの段階では戦前と同じ君主として振る舞おうとしていたことは明らかです。ただし、アメリカにどのように対するかという点において、天皇と内閣はおおむね同じ方向を見ていたので、「二重外交」と呼ばれるような事態が起きたとはいえず、このときの政治関与ともいえる天皇の行動は、内閣の政策を補完あるいは支援するというものだったと考えられます。

こうした一連の天皇の動きを見ていると、象徴天皇制のなかで、天皇がどこまで踏み込んで政治に関与してよいのか、いけないのか、どこまで語ってよいのか、いけないのかと言った「線引き」がまだできていなかったと見ることもできますし、昭和天皇のこうした行動を制止することができる人間がおらず、天皇の共産主義への恐怖が優先されてしまったような気がします。

◆象徴天皇と政治利用

こうした昭和天皇の政治・外交へのコミットは、その後も続きます。内奏も継続されていきます（平成、そして令和の時代になっても続いています）。佐藤栄作が首相となった時代には、すでに内奏は慣習として定着し、天皇と首相との「君臣関係」が成立していたと考えられます。佐藤は国事行為とは関係のない、政治的な不祥事などについても、天皇に詫びるということを繰り返しています。まさに「君臣」の交わりということです。

一九六〇年代から七〇年代にかけては、天皇は保革対立に揺れる自民党保守政権にとって、精神的なある種の「核」となっていたのではないかという重要な指摘もあります。

佐藤首相と天皇との関係にまつわる、外交の舞台での逸話を紹介します。

一九六七年十一月、佐藤首相とアメリカのリンドン・ジョンソン大統領が会談したとき、佐藤は昭和天皇の意向を伝え、沖縄返還後もアメリカの核兵器で日本列島を守るという保証を求めています。昭和天皇は、佐藤がアメリカに出発する前に、日本の安全保障は極めて重要であると伝えたといいます。それを受け、佐藤はまず天皇の懸念を伝えた上で、沖縄が返還された後も、アメリカが「いかなる攻撃」からも日本を守るという「保証」について、米大統領の確約を求めています。

もちろん、天皇の意向がアメリカの政策に影響を及ぼしたのかどうかは残念ながら分かりません。しかし、佐藤の口から天皇の意向が語られたということは、少なくとも佐藤本人はそうすることで何らかの譲歩をアメリカから引き出すことを期待していたといえ、それは天皇の政治利用に他ならないと思います。

戦後政治と天皇

このように、アジア太平洋戦争の敗北と日本国憲法の施行によって、天皇は「統治権の総攬者」ではなく、「象徴天皇」となりましたが、実態としては「君主」として振る舞い、とくに外交の場面において積極的に意見を述べ、歴代の保守政権もそれを是認し、むしろ「君臣」としての関係を求め、政治利用した側面もありました。

戦後政治の在り方や、とくに日米外交の歴史を振り返るとき、天皇は看過することのできない存在感を持っていたことになります。その実態を明らかにすることは、平成を経て令和となって以降の、象徴天皇制の在り方を考える上でも重要なポイントになると思います。

本書をより深く理解できるブックガイド

【古代】

森公章『倭の五王』（山川出版社、二〇一〇年）
義江明子『古代王権論』（岩波書店、二〇一一）
河内春人『倭の五王』（中公新書、二〇一八年）
中野渡俊治『古代太上天皇の研究』（思文閣出版、二〇一七年）
春名宏昭『平城天皇』（吉川弘文館、二〇〇九年）
佐藤長門『日本古代王権の構造と展開』（吉川弘文館、二〇〇九年）
木村茂光『「国風文化」の時代』（青木書店、一九九七年）
川添房江『唐物の文化史』（岩波新書、二〇一四年）
河内春人「国風文化と唐物の世界」（佐藤信編『古代史講義』ちくま新書、二〇一八年）

【中世】

坂井孝一『承久の乱』（中公新書、二〇一八年）
長村祥知『中世公武関係と承久の乱』（吉川弘文館、二〇一五年）
亀田俊和『南朝の真実』（吉川弘文館、二〇一四年）
亀田俊和『観応の擾乱』（中公新書、二〇一七年）
呉座勇一『応仁の乱』（中公新書、二〇一六年）
家永遵嗣「軍記『応仁記』と応仁の乱」（学習院大学文学部史学科編『歴史遊学』、二〇〇一年）

【戦国】

山田康弘『戦国時代の足利将軍』（吉川弘文館、二〇一一年）
矢部健太郎『関白秀次の切腹』（KADOKAWA、二〇一六年）
藤田恒春『豊臣秀次』（吉川弘文館、二〇一五年）
矢部健太郎『関ヶ原合戦と石田三成』（吉川弘文館〈敗者の日本史12〉、二〇一三年）

【江戸】
高尾善希『驚きの江戸時代』（柏書房、二〇一四年）
高尾善希『忍者の末裔』（ＫＡＤＯＫＡＷＡ、二〇一七年）
吉田伸之編『日本の近世　第九巻 都市の時代』（中央公論社、一九九二年）
青木美智男編『日本の近世　第十七巻 東と西江戸と上方』（中央公論社、一九九四年）
小木新造・竹内誠編『江戸名所図屏風の世界』（岩波書店、一九九二年）
水藤真・加藤貴編『江戸図屏風を読む』（東京堂出版、二〇〇〇年）

【幕末】
町田明広『攘夷の幕末史』（講談社現代新書、二〇一〇年）
町田明広『グローバル幕末史 幕末日本人は世界をどう見ていたか』（草思社、二〇一五年）
町田明広『新説 坂本龍馬』（集英社インターナショナル新書、二〇一九年）
町田明広『薩長同盟論』（人文書院、二〇一八年）
青山忠正『明治維新　日本近世の歴史⑥』（吉川弘文館、二〇一二年）

【近現代】
千葉功「日英同盟と日露戦争」（小林和幸編『明治史講義【テーマ篇】』ちくま新書、二〇一八年）
山田朗『世界史の中の日露戦争』（吉川弘文館、二〇〇九年）
加藤陽子『それでも、日本人は「戦争」を選んだ』（新潮文庫、二〇一六年）
森山優『日本はなぜ開戦に踏み切ったか』（新潮選書、二〇一二年）
手嶋泰伸『海軍将校たちの太平洋戦争』（吉川弘文館、二〇一四年）
簑原俊洋・奈良岡聰智『ハンドブック近代日本外交史』（ミネルヴァ書房、二〇一六年）
後藤致人『内奏』（中公新書、二〇一〇年）
古川隆久『昭和天皇』（中公新書、二〇一一年）
茶谷誠一『象徴天皇制の成立』（ＮＨＫ出版、二〇一七年）
「ＮＨＫスペシャル」取材班『日本人と象徴天皇』（新潮新書、二〇一七年）

編集協力　三猿舎
上川畑博
吉田渉吾

著者略歴

河内春人（こうち・はるひと）

1970年東京都生まれ。1993年明治大学文学部卒業、2000年明治大学大学院博士後期課程中退。「東アジア交流史のなかの遣唐使」で博士（史学）。日本学術振興会特別研究員（PD）などを経て、2018年4月より関東学院大学経済学部准教授。専攻・日本古代史、東アジア国際交流史。著書に『日本古代君主号の研究』（八木書店）など。

亀田俊和（かめだ・としたか）

1973年秋田県生まれ。1997年京都大学文学部国史学科卒業。2003年同大学院文学研究科博士後期課程研究指導認定退学。2006年「室町幕府施行制度の研究」で京都大学博士（文学）。京都大学文学部非常勤講師などを経て、2017年8月より国立台湾大学日本語文学系助理教授。著書に『観応の擾乱』（中公新書）など。

矢部健太郎（やべ・けんたろう）

1972年東京都生まれ。1995年國學院大學文学部史学科卒業、2004年同大学院文学研究科日本史学専攻博士課程後期修了、「豊臣政権の支配秩序と朝廷」で博士（歴史学）。2004年防衛大学校人文社会科学群人間文化学科専任講師、2007年國學院大學文学部史学科専任講師、2009年准教授、2016年教授。著書に『関ヶ原合戦と石田三成』（吉川弘文館）など。

高尾善希（たかお・よしき）

1974年千葉県生まれ。立正大学大学院文学研究科史学専攻博士後期課程研究指導修了満期退学。竹内誠（前江戸東京博物館館長）に師事。武蔵野市立武蔵野ふるさと歴史館学芸員（嘱託）、東京都公文書館専門員（非常勤）など経て三重大学准教授。著書に『忍者の末裔　江戸城に勤めた伊賀者たち』（KADOKAWA）など。

町田明広（まちだ・あきひろ）

1962年長野県生まれ。上智大学文学部ドイツ文学科、慶應義塾大学文学部史学科卒業。佛教大学大学院文学研究科修士課程・同博士後期課程修了。2009年、「文久期中央政局における薩摩藩の動向」で博士（文学）（佛教大学）の学位を取得。神田外語大学専任講師、2013年准教授となり、同日本研究所副所長を務める。著書に『新説坂本龍馬』（集英社インターナショナル新書）など。

舟橋正真（ふなばし・せいしん）

1982年茨城県生まれ。2010年明治大学文学部卒業。2012年立教大学大学院文学研究科博士課程前期課程修了。2014年日本学術振興会特別研究員DC2（～16年）。2016年日本大学大学院文学研究科博士後期課程修了。現在、成城大学非常勤講師、博士（文学）。著書に『「皇室外交」と象徴天皇制 1960 ～ 1975年——昭和天皇訪欧から訪米へ』（吉田書店）など。

SB新書　534

新説《しんせつ》の日本史《にほんし》

2021年2月15日　初版第1刷発行

著　者　河内《こうち》春人《はるひと》　亀田《かめだ》俊和《としたか》　矢部《やべ》健太郎《けんたろう》
高尾《たかお》善希《よしき》　町田《まちだ》明広《あきひろ》　舟橋《ふなばし》正真《せいしん》

発行者　小川 淳

発行所　SBクリエイティブ株式会社
〒106-0032　東京都港区六本木2-4-5
電話：03-5549-1201（営業部）

装　幀　長坂勇司（nagasaka design）

本文デザイン・DTP　荒木香樹

印刷・製本　大日本印刷株式会社

本書をお読みになったご意見・ご感想を下記URL、
または左記QRコードよりお寄せください。

https://isbn2.sbcr.jp/09054/

ISBN 978-4-8156-0905-4